Smalltalk-Knigge 2100
Vom kleinen Gespräch bis zum charmanten Flirt –
Kontakt aufbauen, Sympathie zeigen, Begehrlichkeit wecken

Horst Hanisch

© Fünfte Auflage: 2021 by Horst Hanisch, Bonn

© Vierte Auflage: 2019 by Horst Hanisch, Bonn

© Dritte Auflage: 2016 by Horst Hanisch, Bonn

© Zweite Auflage: 2013 by Horst Hanisch, Bonn

© Erste Auflage: 2011 by Horst Hanisch, Bonn

Bibliografische Information der Deutschen Nationalbibliothek: Die Deutsche Nationalbibliothek verzeichnet diese Publikation in der Deutschen Nationalbibliografie; detaillierte biblio-grafische Daten sind im Internet über dnb.dnb.de abrufbar.

Der Text dieses Buches entspricht der neuen deutschen Rechtschreibung.

Die Ratschläge in diesem Buch sind sorgfältig erwogen, dennoch kann eine Garantie nicht übernommen werden. Eine Haftung des Autors und seiner Beauftragten für Personen-, Sach- und Vermögensschäden ist ausgeschlossen.

Aus Gründen der einfacheren Lesbarkeit wird auf das geschlechtsneutrale Differenzieren, zum Beispiel Mitarbeiter/Mitarbeiterin weitestgehend verzichtet. Entsprechende Begriffe gelten im Sinne der Gleichbehandlung für alle Geschlechter.

Idee und Entwurf: Horst Hanisch, Bonn

Lektorat: Alfred Hanisch †, Bonn; Annelie Möskes, Bornheim (ab 3. Auflage)

Buchsatz: Guido Lokietek, Aachen; Horst Hanisch, Bonn

Umschlag: Christian Spatz, engine-productions, Köln; Horst Hanisch, Bonn

Fotos/Zeichnungen: Sofern nicht anders angegeben: Horst Hanisch, Bonn

Herstellung und Verlag: BoD – Books on Demand, Norderstedt

ISBN: 978-3-7526-4024-3

Smalltalk-Knigge ^{2100}
Vom kleinen Gespräch bis zum charmanten Flirt – Kontakt aufbauen, Sympathie zeigen, Begehrlichkeit wecken

Horst Hanisch

Inhaltsverzeichnis

Vorwort

Reden ist Leben – „Wer spricht, mit dem wird gesprochen"

‚Auch das noch! Wo kommt dieser Kloß im Hals her, ausgerechnet jetzt?' „Darf ich vorstellen? Frau Mertens – Herr Schulte." Verhalten lächelnd stehen sich die beiden gegenüber. Und nun? Ein wenig Smalltalk wäre angebracht. Aber beide schauen nur verlegen aneinander vorbei und wissen mit der Situation nicht recht umzugehen. Peinlich für beide.

Wie beneidenswert scheinen, ein paar Meter weiter, zwei, die gerade einander vorgestellt wurden, lächelnd miteinander zu kommunizieren. Sie zeigen überhaupt keine Scheu, die Wartezeit problemlos zu überstehen.

Hin und wieder zeigen sie ein sympathisches Lächeln; die Körpersprache ist angenehm, ja gekonnt spielend eingesetzt. Sie bestellen ein weiteres Aperitif-Getränk, prosten einander zu und scheinen sich prächtig zu verstehen. Beneidenswert!

Beneidenswert – ja, aber ist es wirklich sooo schwierig, dies auch für sich selbst umzusetzen? Natürlich liegt es nicht jedem, sofort eine positive Atmosphäre aufzubauen.

Treffen zwei Personen aufeinander, denen das Gespür eines unverbindlichen Smalltalks fehlt, dann sind die Würfel (leider) schon gefallen. Allerdings mit sehr niedrigem Wert.

Auf vielen meiner privaten und beruflichen Auslandsreisen auf alle bewohnten Kontinente, durfte ich neben herzlicher Gastfreundschaft ein recht unkompliziertes Verhalten im Sinne des Smalltalks erleben.

Anscheinend ohne jegliches Vorurteil gelang es zwanglos, in einen lockeren, warmherzigen Austausch zu kommen. Das waren für mich angenehme Momente; ich fühlte mich beachtet, wertgeschätzt und vor allem willkommen.

Der geführte Smalltalk erzeugte eine positive Stimmung und hinterließ ein ebenso gutes Bild des Landes, in dem ich mich aufhalten durfte.

Wer den Smalltalk beherrscht, punktet für sich sowie für das Unternehmen, das er vertritt.

Smalltalk mag als oberflächlich bezeichnet werden – was eventuell auch stimmen mag. Er öffnet allerdings die Türen ins geschäftliche und ins private Netzwerk.

Zeigen Sie Stil

Nutzen Sie die Chance zum kleinen, zwanglosen Gespräch. Zeigen Sie sich charmant und interessiert – und im weitesten Sinne – begehrenswert.

Spätestens beim prickelnden Flirt zeigen sich Ihre rhetorischen Smalltalk-Vorteile. Zeigen Sie sich menschlich. Lächeln Sie!

Sie werden feststellen, dass es gar nicht unmöglich ist, einen anderen in ein unverfängliches Gespräch zu verwickeln. Lernen Sie, wie Sie sich mit interessanten Menschen mit anderen Interessen und Kenntnissen zwanglos unterhalten können. Erweitern Sie Ihren Horizont um fachliches Wissen, aber viel wichtiger noch: zum sozialen Umfeld.

Kürzlich hörte ich die Aussage: „Wer spricht, mit dem wird gesprochen." Ich kann dem nur zustimmen. Wer schweigend in der Ecke steht, gegebenenfalls noch schüchtern nach unten schaut, verbaut sich die Chance, neue, interessante Menschen kennenzulernen.

Gehen Sie lächelnd und aufrecht auf andere zu. Zeigen Sie, dass Sie ein gern gesehener Mensch sind. Vielleicht entwickelt sich aus dem Smalltalk ja später ein Bigtalk?

Ich finde es immer wieder interessant zu erfahren, was andere Menschen alles schon erlebt haben. Mir imponiert, wenn sie eine fundierte Meinung zu einer gesellschaftlichen Herausforderung zeigen. Es gibt mir die Chance, über meinen eigenen ‚Tellerrand' zu sehen und die Vielfältigkeit der individuellen Gedanken wahrzunehmen.

Obwohl der Smalltalk nur oberflächlich erscheint und zeitlich überschaubar ist, lässt sich auch in dieser Kürze eine Menge von beziehungsweise über andere Menschen erfahren.

Es hilft, eigene gedankliche Scheuklappen zu überdenken oder gar einzureißen. Abgesehen davon, erweitert es das eigene Wissen.

Reden Sie, aber hören Sie auch ausgesprochen aufmerksam und interessiert zu. Fragen Sie nach, beziehungsweise hinterfragen Sie. Profitieren Sie von den Erfahrungswerten der anderen.

Online-Smalltalk

Aufgrund der Corona-Pandemie wurden ab dem Jahr 2020 verstärkt viele gesellschaftliche wie berufliche Kontakte in Online-Foren verlegt.

Stellt es bei Präsenz-Veranstaltungen für viele schon eine Herausforderung dar, einen harmonischen Smalltalk zu gestalten – wie soll das in der Online-Variante perfekt geschehen?

Wie kann die Körpersprache optimal übermittelt werden, eine angenehme Atmosphäre hergestellt werden, eine (positiv) neugierig machende Harmonie erzeugt werden?

Diese Fragen zeigen ganz andere Anforderungen im Bereich des Smalltalks. Da davon ausgegangen werden darf, dass auch nach Abklingen der Pandemie häufiger als früher auf virtuellem Weg kommuniziert wird, bedarf es für diesen Themenbereich zusätzlich eine konkrete Betrachtung.

Liebe Leserin, lieber Leser, unabhängig, ob live oder online geführt, ob im entscheidenden beruflichen Kontakt, im interkulturellen Zusammensein oder auch beim prickelnden Flirt: Überzeugen Sie mit einem kurzweiligen, gekonnten Smalltalk.

Lernen Sie, nicht nur ein sympathischer Gastgeber zu sein, sondern auch ein gern gesehener und ebenso gerne eingeladener Gast.

Viel Spaß beim Lesen der folgenden Seiten – und besten Erfolg beim Erweitern Ihres Bekanntenkreises beziehungsweise zum Ausbau Ihres beruflichen Werdegangs.

Horst Hanisch

Schritt 1 – Vom Smalltalk zum Bigtalk

Das kleine Gespräch mit großer Wirkung

Die Kunst des kleinen Gesprächs

Sich kurz fassen ist auch eine Form der Höflichkeit.
Erich Limpach, dt. Dichter
(1899 - 1965)

Smalltalk: Nur eine beiläufige Konversation ohne Tiefgang?

Dieser Meinung ist zumindest das Onlinelexikon Wikipedia, das Smalltalk als ein Alltagsgespräch bezeichnet. Die genannte Quelle setzt Smalltalk auf eine Stufe mit den Begriffen Plauderei, Geplänkel oder gar (im Dialekt) als Schwatzen.

Es ist zwar denkbar, den Begriff Smalltalk so sehen zu können. Hin und wieder mag das auch zutreffen.

Tatsächlich steckt viel mehr hinter dem vernünftig umgesetzten Smalltalk. Auch wenn der englische Begriff ‚small' darin steckt, also ‚klein', ‚unbedeutend', so ist doch nicht die Wertigkeit im Sinne eines unbedeutenden Gesprächs gemeint. Damit würde der Begriff Smalltalk leicht unterschätzt.

Ein vernünftig umgesetzter Smalltalk öffnet Türen für ein späteres gesellschaftliches oder geschäftliches Zusammensein. Richtig eingesetzter Smalltalk kann der Zugang zum Job oder zum Verkaufsgespräch sein. Dieser Vorteil kann auch ungeplant, ‚einfach nur so' geschehen. Also lassen Sie uns in diesem Ratgeber die Bedeutung des Smalltalks deutlich höher ansetzen als nur ein belangloses Schwatzen.

Die klassische Präsenz-Netzwerkveranstaltung

Treten Sie ein in eine klassische Netzwerkveranstaltung: Einige Gäste sind schon anwesend, stehen sympathisch lachend in Grüppchen umher. Immer mehr Gäste treffen ein, gehen auf andere zu, klinken sich in bestehende Grüppchen ein oder bilden neue Gruppen. Der Raum füllt sich immer mehr.

Es ist Zeit, auf die anderen zuzugehen, wenn Sie den Anlass des Treffens nicht isoliert verbringen möchten. Ähnliches geschieht bei einer modernen Vernissage, bei der Vorstellung einer bürgerorientierten Dienstleistung oder des neuesten Hybrid-Modells. Es kann aber auch sein, dass Sie die anderen Gäste bereits bei einer früheren Gelegenheit kennengelernt haben, zum Beispiel bei einer größeren Familien- oder Geburtstagsfeier. Hier sollte es leichter sein, locker miteinander ins Gespräch zu kommen, wenn Sie nicht sowieso als ‚potentielle/r' Schwiegertochter/-sohn gehandelt werden.

Im Aufzug oder beim Speed-Dating

Ungemein schwieriger wird es für viele, wenn sie mit (einem) Fremden im Aufzug angespannt Sekunden verbringen oder anlässlich eines Geschäftstermins auf dem gemeinsamen Weg mit dem (noch) unbekannten Gesprächspartner von A nach B sind.

Smalltalk-Situationen gibt es unendlich viele: Ihr Platznachbar im Flugzeug oder in der Bahn, das zufällige Treffen Ihrer Chefin oder Ihres Nachbarn beim Besuch im Museum oder in der Kneipe um die Ecke. Beim Gespräch mit dem schüchtern wirkenden Gesprächspartner oder der unentschlossenen Kundin.

Anlässlich eines Jubiläums, einer Betriebsfeier, Geburtstagsfeier, Auszeichnung, Verleihung eines Ordens oder einer Urkunde, vor dem Interviewtermin oder beim Bewerbungsgespräch. Am ersten Tag im neuen Job, zu Beginn eines Konfliktgesprächs. Oder beim Speed-Dating, wo bekanntlich sehr schnell überzeugt werden soll.

Fast ließe sich annehmen, der Tag bestünde nur aus Smalltalks. Das ist doch wunderbar. Viele Menschen wünschen sich einen harmlosen Flirt ‚nebenbei‘, oder wollen Menschen kennenlernen, mit denen sie ‚intimeren‘ Kontakt aufnehmen möchten. Der geeignete Smalltalk schafft auch hier einen passenden Einstieg.

Ziel eines Smalltalks

Ein Smalltalk kann mehrere Ziele verfolgen. So soll der Smalltalk …

- … das Eis brechen, um Kontakte zu knüpfen.

- … eine angenehme Atmosphäre schaffen. Da, wo es harmonisch zugeht, tauen Menschen leichter auf. Geschäfte oder Konfliktlösungen sind zwangloser zu bewältigen.

- … eine gewisse Zeit überbrücken (mit Fremden im Aufzug, bei der Begleitung eines Kunden auf dem Weg in ein anderes Büro).

- … Gemeinsamkeiten finden, denn Menschen mit gleichen Hobbys, Vorlieben, Lebenseinstellungen oder Vorstellungen haben oft gerne miteinander zu tun.

- … Kontakte herstellen, um diese später zu intensivieren. Wohlgemerkt: Während des Smalltalks werden keine Geschäfte abgeschlossen, sehr wohl aber angebahnt. Smalltalk ist sozusagen der Weg zum später stattfindenden Bigtalk. Sehen Sie diesen sozusagen als Auftakt zu einem folgenden wichtigen, tiefergreifenden Gespräch an.

Anders ausgedrückt: Der kleine Smalltalk kann der erste Schritt zur großen Karriere sein.

- ... dem Gast die Möglichkeit geben, sich zu akklimatisieren (an die neue Umgebung gewöhnen, an die Raumtemperatur anpassen), oder sich vom Anfahrstress zu erholen.

- ... die Möglichkeit geben, anderen Anwesenden vorgestellt zu werden und damit andere Menschen kennenzulernen.

- ... Verbundenheit signalisieren und zum Ausbau des eigenen Netzwerkes dienen; also Networking betreiben.

- ... die Möglichkeit geben, mit anderen Gästen in harmonischer Runde beisammen zu sein. Einfach so, um ein paar Minuten oder Stunden Lebenszeit miteinander zu verbringen.

- ... einen kleinen Flirt starten, dem Gegenüber schmeicheln. Eine/n Partner/in für intimeren Austausch zu finden.

- ... Spaß bereiten. Weshalb nicht? Es ist schließlich Ihre Zeit, die Sie dort verbringen. Genießen Sie sie.

- ... Ihnen die Möglichkeit bieten, Ihre Smalltalk-Fähigkeiten zu optimieren. Immer wieder werden Sie mit anderen, neuen, interessanten Menschen zusammentreffen. Jedes Mal kann der Smalltalk eine neue Herausforderung darstellen.

Je öfter Sie Smalltalk führen, desto eleganter werden Sie jedmögliche – auch unbekannte – Situation meistern.

- ... das eigene Wissen vergrößern. Neues, Unbekanntes hören und damit den eigenen Horizont erweitern. Den eigenen Denkrahmen erweitern. Vom Wissen anderer profitieren.

- ... das eigene oder das Firmen-Image pflegen. Steigern Sie Ihren ‚Markenwert'. Rufen Sie sich in Erinnerung. Halten Sie sich im Gespräch. Zeigen Sie, dass Sie existieren.

Machen Sie sich zum gerngesehenen und begehrten Gesprächspartner.

Schmoozing

Das englische Wort ‚schmooze' lässt sich in verschiedenen Varianten übersetzen. Zum Beispiel:

- locker, plaudernd unterhalten

- jemandem schmeicheln beziehungsweise jemanden umgarnen

- jemandem Honig um den Bart schmieren

Schmoozing kann als taktisches Plaudern angesehen werden, das im freundlichen Ton geführt wird, um den Gesprächspartner entweder zu beeindrucken oder zu manipulieren – eventuell sogar beides. „Toll, was Sie geleistet haben."

Harmonische Gesprächsatmosphäre

Während all dieser Möglichkeiten soll während des Smalltalks eine harmonische Gesprächssituation vorherrschen. Darum sind Diskussionen zu vermeiden; denn diese erfordern wenigstens zwei Meinungen, die im ungünstigsten Fall genau entgegengesetzt sein können. Es entstünde somit die Gefahr, dass die Gesprächspartner in disharmonische oder gar aggressive Stimmung geraten. Das soll vermieden werden.

Sind Sie der Gastgeber, der Einladende? Dann achten Sie besonders darauf, dass sich keine (laut) diskutierenden Grüppchen bilden.

Gehen Sie von Gästegruppe zu Gästegruppe, immer darauf achtend, dass die positive und harmonische Atmosphäre bestehen bleibt. Nutzen Sie immer wieder die Möglichkeit, Fremde einander vorzustellen.

Tabuthemen

Um oben erwähnte unnötige Diskussion zu vermeiden, sollten folgende Tabuthemen möglichst gemieden werden:

- Religion (außer bei kirchlichen Treffen)

- Rassenfragen

- Politik (außer bei politischen Treffen)

- Sexualität

Schwierig wird es, wenn es um das Thema Sport geht. An sich scheint dies harmlos zu sein; bei größeren Sportevents oder bei länderübergreifenden Veranstaltungen (Weltmeisterschaften und andere) wird vielleicht sogar auf gegenteiliges Interesse gestoßen.

Kritisch wird es dann, wenn sich zwei von drei Anwesenden in heiße Sporttaktiken verwickeln und die Umstehenden vergessen. Diese können mit dem Themenbereich nichts anfangen, fühlen sich ausgeschlossen und oder gelangweilt. Also, eher vermeiden:

- Sport

Da der Smalltalk eine harmonische Stimmung erzeugen soll, werden demzufolge Gesprächsinhalte mit eher negativer Ausprägung vermieden. Dazu gehören beispielsweise:

- Krankheiten

- Tod

Vermeiden Sie Themen über die finanzielle Situation Ihres Gegenübers oder des Gastgebers. Familiäre Probleme sind ebenso fehl am Platz. Gerüchte, Tratsch, üblicherweise über nicht anwesende Dritte, zeigen sich schnell als niveaulos.

Online-Smalltalk

Spätestens mit Beginn der Corona-Pandemie Anfang 2020 änderte sich in der zwischenmenschlichen Kommunikation recht viel. Präsenz-Veranstaltungen wurden auf ein Minimum reduziert. Gleichzeitig wurde (mehr oder weniger erfolgreich) versucht, viele gesellschaftliche und berufliche Kontakte in eine Online-Variante umzusetzen.

Treffen sich nun zwei Gesprächspartner über ein Chat-Programm, sind sie ebenso vor die Situation gestellt, einen kurzen Smalltalk umzusetzen, bevor sie ans ‚Eingemachte' gehen.

Viele Regeln, die im Treffen vor Ort gelten, lassen sich auf den Online-Kontakt übertragen, manches muss zusätzlich beachtet werden.

Nach wie vor ist es sinnvoll, eine harmonische Atmosphäre entstehen zu lassen. Oft werden in den ersten Momenten, nachdem sich das Video-Programm geöffnet hat, Bild und Ton getestet. „Können Sie mich sehen? Können Sie mich gut verstehen?"

Sodann beginnt der ‚eigentliche' Smalltalk, um eine gute Stimmung aufzubauen.

Das Arbeiten über Distanz mit einem der bekannten Chat-Programmen zeigt bei aller technischen Raffinesse eine erhöhte Anforderung an die Smalltalk-Gesprächspartner.

Allerdings: Aufgrund des ausgeschnittenen Bildausschnittes auf dem Monitor wird die Mimik und Gestik, als Teil der aussagekräftigen Körpersprache, stark reduziert beziehungsweise auf dem Monitor nicht immer optimal übermittelt.

Eingeschränkte Übermittlung durch gezielten verbalen und nonverbalen Einsatz ausgleichen

Da die komplette Atmosphäre des Geschehens auf einer üblichen Veranstaltung, die sich ‚rundherum' ergibt (Kommen und Gehen anderer Teilnehmenden, Geräuschkulisse, Geschirrgeklapper, Hintergrundmusik und so weiter), während des Online-Austausches fehlt, ist der direkte kommunikative Austausch umso wichtiger.

Da die Körpersprache (Wie steht jemand? Was macht er mit seinen Beinen und Armen? Wie gestikuliert er? ... Und vieles andere mehr.) auf dem Bildschirm auf ein Minimum reduziert wird, rücken Mimik und Sprache in den Vordergrund.

Bekanntlich nimmt der Mensch mit allen 5 Sinnen wahr: hören, sehen, riechen, schmecken und tasten. Das Hören und das (bildschirmbedingte eingegrenzte) Sehen sind in der Regel bei einer gut eingestellten Übertragung gewährleistet.

Binden Sie alle Sinne in Ihre (verbale) Kommunikation ein.

Sie können Ihrem Online-Smalltalk-Partner helfen, indem Sie mit gut verständlichem Sprechtempo sprechen; nicht zu schnell, nicht zu langsam, dafür gut betont.

Ihre Aussprache soll klar und sauber sein. Genuschelte oder nicht verstandene Wörter ärgern schnell das Gegenüber, wobei auch ungewünschte Missverständnisse entstehen können. Auch das Ende des Satzes ist hörbar ausgesprochen.

Die richtige Betonung beugt dem monotonen Redefluss vor.

Verwenden Sie bewusst ein verständliches Vokabular. Fremdwörter, die Ihr Gesprächspartner eventuell nicht kennt, werden sofort übersetzt/erklärt.

Nicht nur für Menschen, deren Gehör eingeschränkt ist, ist die Mimik beim gesprochenen Wort unglaublich wichtig. Hier kommen die Wahrnehmungen Hören und Sehen zusammen.

Ihr Gesprächspartner verbindet das Gehörte (das Ausgesprochene) mit dem Gesehenen (hier der Mimik). So kann er Ihren Ausführungen leichter folgen.

Nicht nur die Gesichtszüge und -bewegungen sind beim Online-Smalltalk eine wichtige Grundvoraussetzung, sondern auch sichtbare Gesten. Zumal ja oft nur der Kopf und ein geringer Teil des Oberkörpers sichtbar ist.

Bei einer Kameraübertragung, die immer nur den gleichen Ausschnitt des Redners zeigt, kann sich beim Gesprächspartner schnell ein Aufmerksamkeits-Defizit einstellen.

Lebhafter Einsatz aller 5 Sinne

Online lassen sich die Wahrnehmungs-Sinne Riechen und Schmecken (vor Ort: Getränke, Snacks, Parfüms ...) viel schwieriger über eine Kameraaufzeichnung vermitteln.

Wer bildhaft beschreibt schafft es, durch Bild und Ton das Gesagte so darzustellen und zu erklären, dass beim Empfänger dank seiner Spiegelneuronen der Geruch und der Geschmack angeregt werden.

Wird über eine Tasse wohlduftenden, heißen Kaffeegetränks gesprochen, wird bei den meisten Zuhörern der Duft und die Wärme wahrgenommen. Zumindest bei den Zuhörern, die gerne Kaffee trinken.

Sie können sogar den Tastsinn beim Smalltalk-Partner anregen.

Zuerst einmal über die Spiegelneuronen, so wie beim Riechen und Schmecken. Entweder durch die Beschreibung eines Gegenstandes oder eines Vorgehens oder durch Zeigen.

Berühren Sie einen Gegenstand, streichen Sie mit der Hand über die Oberfläche, um die Temperatur und Konsistenz des Materials aufzunehmen.

Sofern machbar, heben Sie den Gegenstand an, drehen und bewegen Sie ihn. Ihr Gesprächspartner soll den Gegenstand aus allen Richtungen sehen können und das Gefühl erhalten, ihn selbst zu bewegen und zu fühlen.

Ihr Online-Gesprächspartner kann nun mithilfe der im Gedächtnis gespeicherten Informationen den virtuellen Gegenstand ‚be-greifen'.

Der deutlichere Einsatz aller Sinne soll helfen, den Smalltalk lebhafter, interessanter und vielfältiger zu gestalten.

Haltung bewahren – Wertschätzung vermitteln

Nehmen Sie vor der Kamera eine aufrechte Sitzhaltung ein – so, wie Sie es in einem klassischen Austausch auch täten.

Der körpersprachliche Ausdruck ist gerade bei einem ausgeschnittenen Bild – das ‚Ganze' des Umfeldes ist nicht zu sehen – umso wichtiger. Wertschätzen Sie die Gesprächssituation nicht nur durch ihr perfektes Auftreten, sondern auch durch das sichtbare Erscheinungsbild, gemeint ist das Outfit.

Ob Jogginganzug, Freizeitkleidung oder ‚Schlabberlook' für den (beruflichen) Smalltalk sinnvoll erscheinen?

Besonders wertvoll im Online-Smalltalk ist das gewollte und bewusst eingesetzte Zuhören. Die Übertragung verzögert manchmal zeitlich minimal das gesprochene Wort. Deshalb einen Augenblick Zeit einräumen, damit der Gesprächspartner reagieren kann. Manchmal werden aufgrund der Technik einzelne Silben verschluckt, sodass ein gutes Zuhören noch wichtiger erscheint.

Gegenseitiges In-das-Wort-fallen stört die Kommunikation. Durch beidseitige Wertschätzung und zeitgemäße Umgangsformen tragen Sie dazu bei, eine positive und angenehme Atmosphäre zu erzeugen.

Einige Minuten harmonisch geführter Smalltalk bereitet dem anschließenden folgenden sachlichen Austausch eine fruchtbare Gesprächsbasis.

Tragen Sie dazu bei, dass auch im Online-Austausch erkannt wird, dass es sich um ein wertvolles Gespräch handelt, für das Sie sich gerne Zeit nehmen.

Freuen Sie sich auf den Austausch und lassen diese Freude auf Ihren Smalltalk-Partner überspringen.

Korrekt geführter Smalltalk

*Begegne dem Menschen mit der gleichen Höflichkeit,
mit der du einen teuren Gast empfängst.*

**Konfuzius, chin. Philosoph
(551 - 479 v. Chr.)**

Quantität ist nicht gleich Qualität

Die klassischen Fehler, Pannen und Peinlichkeiten während des Smalltalks können Sie vermeiden, wenn Sie sich an den folgenden Punkten orientieren.

- Weil manche Menschen ihr Gegenüber beeindrucken möchten, reden sie und reden und reden. Der ‚Gesprächs-Partner' erhält einen Eindruck – allerdings keinen positiven. Wollen Sie Ihren Gesprächspartner <u>überzeugen</u>, reden Sie nicht zu viel, sondern lassen Sie ihn reden.

- Haben Sie es (ständig) nötig, sich zu profilieren? Geben Sie doch Ihrem Gegenüber die Chance zu zeigen, wer er ist. Das beeindruckt ihn eher. Außerdem: Sie lernen mehr über ihn.

- Manchmal wird pausenlos gesprochen, um Unsicherheit zu verbergen. Versuchen Sie, stressfrei zu bleiben. Atmen Sie tief durch. Gönnen Sie sich selbst eine kurze Pause und geben damit dem anderen die Möglichkeit zu sprechen.

- Möchten Sie wirklich, dass sich Ihr Gegenüber, Gast oder Geschäftspartner wohlfühlt, geben Sie ihm Gelegenheit von sich zu erzählen. Fragen Sie interessiert zurück, ohne auszufragen.

- Es gilt als überheblich und ganz falsch, wenn Sie im Smalltalk nur von und über sich selbst reden. Das entspricht dann keinem Dialog, sondern einem Monolog. Müssen Sie demonstrieren, dass Sie der Beste und Größte sind, dann sollten Sie sich überlegen, lieber auf einer Bühne aktiv zu werden.

Als gleichberechtigte Gesprächspartner darf und soll jeder eine ungefähr gleiche Anzahl von Redebeiträgen haben dürfen. Demnach sollen Zuhören und Reden etwa 50:50 sein – dann liegt eine Ausgeglichenheit des Gesprächs vor.

Sind Sie und Ihr Smalltalk-Partner nach dem Gespräch beide zufrieden, haben Sie Ihr Ziel erreicht. Geben Sie daher Ihrem Gesprächspartner deutlich die Möglichkeit, sich zu äußern.

Also: Quantität ist noch lange nicht Qualität. Wer meint, dass viel Reden zwangsläufig viel Information oder Richtigkeit enthält, irrt womöglich.

Aktiv wahrnehmen

Wer ist das Gegenüber wirklich? Was macht es aus? Wo liegen seine Kompetenzen?

Menschen, die dem anderen immer wieder ins Wort fallen, kennen häufig die Aussage ‚aktiv wahrnehmen' nicht. Ist es nicht viel wichtiger, wirklich zu hören und zu verstehen, was der andere sagt? Erzählt Ihr Gegenüber eine Geschichte, dann hören Sie nicht nur scheinbar interessiert zu und setzen Sie keine eigene Geschichte obendrauf.

Denn das entspricht nicht dem aktiven Zuhören! Ihr Gesprächspartner erkennt schnell, dass Sie sich wenig für seine Informationen interessieren – und schon gar kein echtes Interesse zeigen.

Hinterfragen Sie: Stellen Sie Fragen, geben Sie Ihrem Gesprächspartner die Gelegenheit, das, was er sagt, genauer darzustellen. Durch gezieltes Fragen zeigen Sie Interesse am Gegenüber. Gleichzeitig verschaffen Sie sich Informationen zur Person, die für das weitere Zusammensein wichtig sein können.

Könnte aus dem Kontakt später nicht etwa eine berufliche Zusammenarbeit entstehen? Wollen Sie die Person wiedersehen? Ist Ihnen der Mensch wichtig genug, ihn in Ihr Netzwerk einzubinden?

Vielleicht lag der britische Premierminister Benjamin Disraeli (1804 – 1881) richtig, der meinte: „Sprechen Sie mit einem Menschen über ihn selbst, und er wird ihnen stundenlang zuhören."

Aktives Zuhören – WIBR-Modell

Prof. Dr. Lyman K. Steil, US-Kommunikationsexperte (*1938) entwickelte das sogenannte WIBR-Modell. Dabei stehen die 4 Buchstaben für:

- W = Wahrnehmen. Mit den Sinnen aktiv aufnehmen. Das richtige Deuten der Körpersprache, vor allen der Gesichtszüge, der Mimik. Beobachten Sie Ihren Gesprächspartner ganz genau. Was spricht er aus? Hören Sie genau zu und achten auf die Körpersprache. Wie wird das Ausgesprochene körpersprachlich unterstützt? Wirkt die eingesetzte Körpersprache offen oder blockierend?

- I = Interpretieren. Nachdem wahrgenommen wurde, wird nun das Gehörte/Gesehene gedeutet. Was will Ihnen Ihr Gesprächspartner tatsächlich sagen? Hinterfragen Sie die gehörten Aussagen. Überlegen Sie, was der Inhalt des Gesagten wirklich bedeutet. Vergleichen Sie mit bereits Selbst-Erlebtem und mit vorhandenem Wissen.

- B = Bewerten. Im Sinne des Smalltalks darf Ihr Gesprächspartner natürlich andere – Ihrem Empfinden nach gegensätzliche – Meinungen vertreten. Es macht ihn vielleicht sogar interessanter oder Sie erfahren Neues. Nur daran denken: Keine Diskussion entfachen!

- R = Reagieren. Nachdem Sie zugehört haben, reagieren Sie, indem Sie auf dem verbalen und nonverbalen Kanal antworten. Damit sind Sie mitten drin im Smalltalk.

Sichtbare Wertschätzung

Wertschätzen Sie Ihren Gesprächspartner; egal ob Fremder, Bekannter oder Beschäftigter. Gleich auf welcher hierarchischen Ebene sich Ihr Gesprächspartner befindet – er ist ein Mensch, so wertvoll wie alle anderen auch – also auch wie Sie selbst.

Schenken Sie aufrichtig:

- Wertschätzung
- Vorurteilsfreiheit
- Verständnis
- Achtung
- Respekt
- Anerkennung

Zeigen Sie:

- Einfühlungsvermögen
- Selbstbewusstsein
- Rhetorische Gewandtheit
- Positives Denken und Heiterkeit
- Wissbegierde und Interesse an Neuem

Sind mehr als zwei Personen im Smalltalk beisammen: Übernehmen Sie die Rolle eines Moderators. Begegnen Sie dem/n Gesprächspartner/n mit Neugier. Sorgen Sie, dass das Gespräch in Fluss bleibt. Achten Sie darauf, dass jeder zu Wort kommt.

Immer wieder das Gegenüber mit Namen anreden. Das gestaltet die Situation persönlicher, menschlicher.

- „Das finde ich ja hochinteressant, Frau Nettekoven ...“

Unfair hingegen sind:

- Sarkasmus, Ironie und Zynismus, denn Sie wirken dann leicht kleinkariert, bösartig und überheblich.
- Versteckte Vorwürfe: Sie vergiften die Atmosphäre. „Steht Ihnen das Recht zu, andere so zu kritisieren?“
- Verbale Abwertung des Gesprächspartners.
- Fachwörter, die kaum ein anderer versteht. Sie zu benutzen wirkt schnell überheblich. Das gilt auch für die rhetorischen ‚Unwörter‘, wie ‚eigentlich‘, ‚man sollte‘ und so weiter.
- Persönliche Angriffe. Das hat ein selbstbewusster Mensch nicht nötig!
- Den Gesprächspartner zu korrigieren oder zu belehren.

- Das Gegenüber zu ignorieren oder aus dem Gespräch (bei mehreren) auszugrenzen.

Jemanden dumm aussehen zu lassen, ist relativ einfach. Jemanden glanzvoll wirken zu lassen, zeigt Stil.

„Der Stil ist die Physiognomie des Geistes." Arthur Schopenhauer (dt. Philosoph 1788 – 1860).

Sympathisch wirken

Zeigen Sie sich sympathisch. Das griechische Wort Sympathie steht u. a. für ‚Mitempfinden'. Menschen, die gefühlsmäßig übereinstimmen, wirken beziehungsweise sind sympathisch.

Mögen Sie unsympathisch wirkende Menschen? Wohl kaum. Wer sympathisch wirkt, wirkt kompetent, erfolgreich und aufgeschlossen!

Interessant dabei: Menschen, die sympathisch wirken, gelten sofort als fachkompetenter, zuverlässiger und überzeugender. Noch ein Grund mehr, dass Sie sich menschlich und sympathisch zeigen!

Schauen Sie sich in die Augen!

Bei der Konversation wird die Sonnenbrille abgesetzt, damit beide Gesprächspartner offen in die Augen schauen können.

Halten Sie einen guten Blickkontakt.

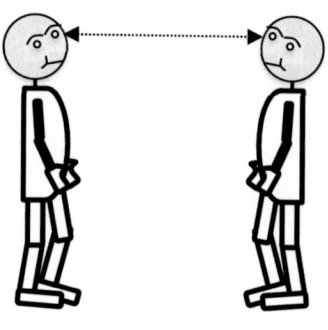

Das gilt auch – und besonders – beim Online-Austausch.

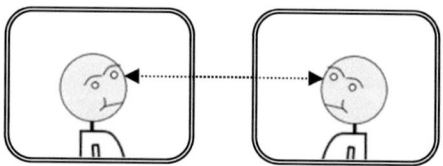

Langeweile ist fast eine Todsünde beim Smalltalk.

Zeigen Sie Profil, zeigen Sie sich interessiert, stellen Sie Fragen, lächeln Sie, zeigen Sie, dass Sie sich freuen, anwesend zu sein.

Feiner Humor

Smalltalk soll unterhalten, es muss nicht brottrocken zugehen. Feiner Humor ist erlaubt. Damit ist keineswegs gemeint, einen Witz nach dem anderen zu erzählen, denn so mancher Witz ist deplatziert.

Das Erzählen von Witzen passt eher zu einem Entertainer oder einem Alleinunterhalter.

Feinen Humor zeigt zum Beispiel, wer sich selbst nicht so ernst nimmt und über sich selbst lachen kann. Er kommt beim Gegenüber als lebensfroh, menschlich und sympathisch an.

Lachen verbreitet eine gute Stimmung, wobei natürlich nicht in ausuferndes, schrilles Gelächter übergegangen werden muss.

Diskretion wahren

Schließlich:

- In Gegenwart von Fremden werden keine dienstlichen Gespräche geführt.

- Der Gebrauch von Abkürzungen im heterogenen Kreis ist eine Rücksichtslosigkeit. Die Tischpartnerin oder der Tischpartner kann nicht unbedingt wissen, ob ABC ‚Alphabet', ‚Arbeitsgemeinschaft berufstätiger Christen' oder ‚Afrikaanse Boeren-Congress' bedeutet.

- Werturteile über Vorgesetzte und Kollegen oder über Frauen, Ausländer oder sogenannte Minderheiten sind unpassend; negative Werturteile sind ungehörig.

- Hüten Sie sich, jemanden durch mangelnde Diskretion zu verletzen. Dies ist dann der Fall, wenn religiöse Gefühle, politische Meinungen, Einstellungen zur Kunst und so weiter angegriffen werden.

- Unsachliche, hitzige und laute Debatten schicken sich nicht. Nicht nur Erzählen ist eine Kunst, sondern auch Zuhören. Wer einen abwechslungsreichen Dialog führen kann und aufmerksam zuhört, beweist Takt und eine gute Kinderstube.

Weiterhin sollte keine direkte Schuldzuweisung auf eine Person erfolgen, noch Kritik irgendwelcher Art an Anwesenden geübt werden.

Schritt 2 – Körpersprache richtig einsetzen

Den Körper mitsprechen lassen

Die nonverbale Kommunikation

Das Einmalige an einer Freundschaft ist weder die Hand,
die sich einem entgegenstreckt,
noch das freundliche Lächeln oder die angenehme Gesellschaft.
Das Einmalige an ihr ist die geistige Inspiration, die man erhält,
wenn man merkt, dass jemand an einen glaubt.

Ralph Waldo Emerson, US-am. Philosoph
(1803 - 1882)

Die Sprache des Körpers spricht mit

Oft wird die Wichtigkeit, Bedeutung beziehungsweise Aussagekraft der Körpersprache unterschätzt. Nicht umsonst wird von Körper<u>sprache</u> gesprochen.

Neben dem gesprochenen Wort und der Stimmlage, spielt die Körpersprache eine nicht zu unterschätzende Rolle. Manche sagen: „Mit Händen und Füßen sprechen." Damit meinen sie eine lebhafte Kommunikation mit deutlichem Einsatz der Körpersprache.

Im zwischenmenschlichen Dialog wird davon ausgegangen, dass im Smalltalk immerhin ca. 55 % (!) der Kommunikation nonverbal – also hier über die Körpersprache – läuft.

Das hat der US-amerikanisch Psychologe Albert Mehrabian (*1939) erforscht.

Deshalb gilt auch beim Smalltalk:

Die Körpersprache richtig einsetzen

Wie wird die Körpersprache passend und unterstützend eingesetzt?

Manche Gesprächspartner stehen stocksteif, verziehen keine Miene und starren die Gesprächspartner regungslos an. Manche Menschen glauben, das wirke seriös und aufmerksam.

Allerdings erscheint das steife Dastehen den meisten als überheblich, desinteressiert und vor allem als distanziert – oder gar als verkrampft und schüchtern. Beides erscheint wenig vorteilhaft.

Andere wiederum zeigen sich betont lässig in ihrer Körpersprache. Auch das kann als überheblich oder sogar arrogant gewertet werden – oder andererseits wieder als kaschierte Schüchternheit.

Hier sind drei verschiedene Körperhaltungen dargestellt.

Eine Hand befindet sich in der Jackentasche, mit der anderen wird ein Kleidungsstück über die Schulter geworfen. Die Person wirkt zurückhaltend.

Fußstellung und Körperhaltung zeigen eine gewisse Bereitschaft, Kontakt aufzunehmen.

Deshalb: Die Hand aus der Tasche nehmen! Die Kleidung von der Schulter ablegen! Sich dem Gesprächspartner zuwenden!

Die Person kommt auf eine andere zu.

Die Gangart scheint dynamisch zu sein, allerdings ist eine Hand in der Hosentasche.

Sobald diese Person beim Gesprächspartner angekommen ist, wird die Hand aus der Tasche genommen und Blickkontakt aufgenommen.

Beide Hände sind in den Hosentaschen versteckt. Die Beine sind überkreuzt. Das wirkt verkrampft beziehungsweise schüchtern.

Die Körpersprache signalisiert Unsicherheit.

Besser: Die Hände aus den Taschen, die Beine parallel stellen! Die Fußspitzen leicht auseinandernehmen! Blickkontakt aufnehmen!

Eine natürliche, authentische Körpersprache sagt die Wahrheit und wirkt auch ehrlich. Stimmen Körpersprache und gesprochenes Wort überein, ergibt sich ein kongruentes (gleichbedeutendes) Gesamtbild.

Schritt 2 – Körpersprache richtig einsetzen

Zeigen Sie Emotionen, damit Ihr Gesprächspartner sieht, dass – und wie – Sie emotional empfinden. Ihr Gegenüber soll sehen, dass Sie ihm folgen. Das erkennt er, wenn Sie zum Beispiel:

- Blickkontakt aufnehmen. Schauen Sie Ihren Gesprächspartner an und lassen Sie sich nicht durch anderes ablenken.
- Zeigen Sie durch Lächeln und Nicken Zustimmung.
- Werfen Sie hin und wieder zustimmende Aussagen ein wie: „Ja, finde ich auch." „Da kann ich nur zustimmen." „Das ist richtig, ..."
- Sollten Sie eine andere Meinung vertreten, akzeptieren Sie trotzdem die Aussage Ihres Gegenübers und ergänzen die eigene: „Finde ich interessant und deshalb ..." (nicht: <u>aber</u> deshalb ...)

Spiegeln Sie die Körpersprache Ihres Gegenübers!

- Spiegeln Sie die Mimik Ihres Gegenübers. Wenn etwas Lustiges erzählt wird, dann lachen oder lächeln Sie, bei Ernsterem blicken Sie ernsthaft drein.
- Diese Verhaltensweise ist wirkungsvoll, denn Menschen, die die Körpersprache spiegeln, werden als sympathisch und vertrauenswürdig empfunden. Einer erkennt sich sozusagen im anderen wieder.
- Kommunizieren Sie mit Mimik und Gestik. Setzen Sie dabei Gesten deutlich ein (womit auch das leidige „Wohin mit den Händen?" geklärt ist).

Allerdings: Beachten Sie bei Menschen anderer Kulturen, dass manche körpersprachlichen Signale anders als in Deutschland verstanden werden können.

Zwei sich in der Körpersprache spiegelnde Menschen.

Sich spiegeln schafft Vertrautheit und damit Nähe.

Das ‚OK'-Zeichen in der Körpersprache wird in einigen anderen Ländern (zum Beispiel Italien, Türkei) als große Beleidigung empfunden.

Die rechts abgebildeten Darstellungen sind im Smalltalk die vorteilhafteren.

Der Augenkontakt

Die Augen schauen zur Seite, wobei sich der Kopf ebenso zur Seite dreht. Die Person zeigt eine leichte Demutshaltung, die dadurch verstärkt wird, dass sich der Kopf gleichzeitig auch noch nach unten senkt. Die Person zeigt, dass sie dem Gegenüber nicht in die Augen schauen kann. Sie wirkt schüchtern, demütig, scheu.

Beide Augen schauen das Gegenüber direkt an. Ein offener Informationsaustausch ist möglich. Die Person schaut das Gegenüber interessiert und aufmerksam an und hört entsprechend wohlwollend zu. Dies ist ein positives Zeichen für einen Dialog. Dabei wird vermieden ‚starr' und unbewegt zu blicken. Die Augen sollen lebhaft wirken.

Im Stehen

Beide Arme sind vor der Brust verschränkt. Eine Hand ist sichtbar. Diese Haltung wird als Reaktion oft negativ bewertet. Die Person verschließt sich, möglicherweise verspürt sie Angst, Hemmungen oder ein Unwohlsein und versucht daher aus diesem Gefühl heraus, einen vermeintlichen Angriff abzuwehren. Durch diese Blockade lässt die Person nur bedingt Informationen an sich heran.

Beide Arme werden dem Gesprächspartner entgegengestreckt. Die Daumenseite zeigt nach oben. Die Person verkürzt durch das Vorstrecken der Hände die Distanz zum Gesprächspartner. Das ist positiv zu werten. Diese Körperhaltung sagt: „Sei herzlich willkommen." Oder: „Komme zu mir." Gleichzeitig wird die Körpervorderseite geöffnet. Es scheint ‚keine Gefahr' zu drohen.

Im Sitzen

Der Oberkörper ist weit vom Gesprächspartner entfernt. Durch das Zurücklehnen wird die Distanz vergrößert. Das heißt, es wird keine Übereinstimmung, keine Nähe gesucht. Die Person signalisiert Missfallen, was die Sache oder die letzte Aussage betrifft. Sie will sich sozusagen vom Gegenüber entfernen, am besten weglaufen.

Der Oberkörper ist weit vorgebeugt. Durch das Vorbeugen verringert sich der Abstand zwischen den Gesprächspartnern. Die Distanz-Zone zueinander wird verkürzt. Die Person sucht Nähe, Kontakt. Diese Haltung ist positiv, da ein Interesse an der Sache und dem Beitrag zu erkennen ist. Menschen, denen vertraut wird, wird eine nähere Distanz gewährt.

Bei Tisch

 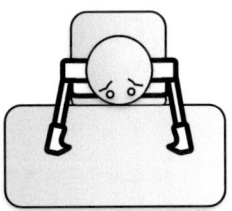

Beide Unterarme liegen vor dem Körper auf dem Tisch. Einerseits ist die Person am Geschehen interessiert, was sich durch die relative Nähe zum Gesprächspartner ausdrückt. Andererseits schützt sich die Person vor möglichen Angriffen. Die Arme bilden eine Art Barriere. Der Gesprächsverlauf wird blockiert. Diese Person wirkt verschlossen.

Beide Unterarme liegen parallel zueinander auf dem Tisch und zeigen in Richtung des Gesprächspartners. Die Person ist uneingeschränkt aufmerksam und hat nichts zu verbergen. Diese Haltung ist für den Gesprächsverlauf positiv. Neigt sich die Person vor, desto ‚drohender' könnte es wirken; kann aber auch Nähe signalisieren.

Beim Online-Austausch

Bei den folgenden Bildern soll gezeigt werden, welcher Ausschnitt bei einem Online-Austausch üblicherweise sichtbar ist, sofern die Gesprächspartner (am Tisch) sitzen.

Egal, ob die Unterarme offen oder verschränkt auf der Tischplatte liegen, ob mit einem Stift ‚gespielt' wird oder ‚heimlich' das Smartphone verwendet wird – offenbart der Ausschnitt auf dem Monitor nicht oder nur bedingt.

Die Mimik, besonders der Blickkontakt, verrät Aufmerksamkeit oder Ablenkung, Zustimmung oder Ablehnung.

In der linken Darstellung wird mit beiden Armen/Händen gestikuliert, in der rechten nur mit einem Arm.

Im Bild ist jeweils eine Hand zu sehen, was zumindest den Hinweis auf eine ‚lebhafte' Gestikulation zulässt.

Darstellungsbedingt offenbart die Körpersprache in der Online-Kommunikation nur einen Bruchteil der Möglichkeit, die sie sonst im Realen hätte.

Umso wichtiger ist es, die Mimik deutlich ‚mitsprechen' zu lassen.

Weiter: Setzen Sie Gestik ein, wo immer es sinnvoll erscheint. Checken Sie in Ihrem Kontrollfenster auf dem Monitor, inwieweit die Gesten sichtbar sind, ohne die Gesichtszüge zu verstecken.

Nutzen Sie die gegebene Situation körpersprachlich optimal aus.

Schritt 2 – Körpersprache richtig einsetzen

An der Bar – Aus nebeneinander wird miteinander

Sitzen zwei Personen nebeneinander an der Bar, lässt sich leicht ins Gespräch kommen.

Viele Menschen wählen bewusst einen Platz an der Theke, um mit jemandem einen unverbindlichen und unverfänglichen kommunikativen Kontakt aufnehmen zu können.

Relativ schnell lässt sich wahrnehmen, ob es bei einem oberflächlichen Gespräch bleibt oder ob sich gegenseitiges Interesse aufbaut. Und – wenn beide wollen – sogar zum Flirt kommen wird.

Interessant ist, wie – bei aufkommendem Interesse – die Gesprächspartner sich ‚nach außen‘ schützen.

Unter schützen ist zu verstehen, dass sie anderen Personen nonverbal mitteilen, die Kommunikation nicht zu stören. Das wäre sicherlich kontraproduktiv, sollte sich gerade ein Flirt aufbauen.

Um diese Signale zu senden, kommen der Oberkörper und ein Arm ins Spiel. Der Rücken wird ‚nach außen‘ gewendet – weg vom Gesprächspartner, hin zu anderen Gästen, die nahe am Tresen sitzen.

Hier sind zwei Personen abgebildet, die nebeneinander an der Bar Platz genommen haben.

Ein Unterarm liegt im Bogen auf dem Tisch

Der vom Gesprächspartner weiter entfernte Arm liegt im großen Bogen auf dem Tisch.

Der andere Unterarm liegt auf dem Tisch direkt vor dem eigenen Körper.

Die Person ist zum Gesprächspartner hin orientiert.

Mit dem lang aufliegenden Arm wird eine Blockade zu anderen Personen aufgebaut.

Niemand soll das ‚Verhältnis‘ der beiden nebeneinander sitzenden Personen stören.

Ein Unterarm liegt zwischen dem Tischnachbarn

Der dem Gesprächspartner näherliegende Arm liegt im großen Bogen auf dem Tisch.

Der andere Unterarm liegt auf dem Tisch direkt vor dem eigenen Körper.

Mit dem – zwischen den beiden nebeneinandersitzenden Personen – lang aufliegenden Arm wird eine Blockade aufgebaut.

Die Person möchte keinen Kontakt mit dem Nachbarn aufnehmen.

Möglicherweise wird diese Körperhaltung durch ein leichtes Zudrehen der Rückenpartie verstärkt. Hier zeigt sich ein klares, nonverbales Nein.

Spiegelung der Körpersprache

Ah! Nun legen beide den außenliegenden Arm auf den Tresen. Sie sind sich einig und bilden nun eine Einheit.

Beide zeigen eine gespiegelte Körperhaltung.

Diese Einheit soll von niemandem gestört werden.

Dritte verstehen diese Botschaft und stören idealerweise die beiden nicht.

Schritt 3 – Smalltalk professionell führen

Sehen und Gesehen werden

Einstieg in den Smalltalk

*Liebe auf den ersten Blick ist ungefähr so zuverlässig
wie Diagnose auf den ersten Händedruck.*

George Bernhard Shaw, irisch. Schriftsteller

(1856 - 1950)

Situation sondieren und Zugehen auf andere

So scheinbar belanglos ein freundlicher Plausch zu sein scheint, so groß kann seine Wirkung sein. Denn: Ob Sie sympathisch, überzeugend, glaubhaft oder zuverlässig erscheinen, entscheidet sich bereits in den ersten Sekunden des Zusammentreffens.

Dieses Bild vertieft sich nach der Verhandlung, beim Essen, in der Kaffeepause oder beim Gang zum Treffpunkt.

Nun denn: Sie betreten einen Raum. Sie sehen einige Grüppchen zusammenstehen. Wer steht alleine? Wer ist gestikulierend im Gespräch aktiv? Wer wirkt sympathisch auf Sie?

Entscheiden Sie sich für eine Person oder eine Gruppe und gehen Sie auf sie zu. Wagen Sie den Einstieg – vermeiden Sie peinlich entstehende Situationen, bei denen zwei aneinander vorbeischauen und sich nicht trauen, den ersten Schritt zu wagen.

Obwohl es nicht für jeden leicht ist, direkt in ein Gespräch einzusteigen, muss diese Hemmschwelle überwunden werden, um nicht zu riskieren, isoliert stehenzubleiben.

Deshalb: Einmal tief Luft holen, lächeln und ansprechend wirken, auf den/die andere/n zugehen und sich in das Gespräch einklinken.

- Möglich ist, dass Sie sich vorstellen:
  - „Ich darf mich eben vorstellen. Mein Name ist …"
  - „Einen schönen guten Tag. Ich heiße …"
  - „Ist hier noch ein Platz? Guten Tag. Ich bin …"
  - Und nach der ersten Kontaktaufnahme: „Übrigens, ich bin zum ersten Mal hier. Mein Name ist …"
- Als Gastgeber bei einem beruflichen (ersten) Treffen:
  - „Das ist schön, dass ich Sie persönlich kennenlerne. Herzlich willkommen."

- o „Hallo, einen schönen guten Tag. Ich freue mich, dass Sie hergefunden haben."

- Auf dem Bahnsteig bitten Sie um Informationen (Uhrzeit, Richtung, Weg):

- o „Entschuldigung. Wissen Sie, ob der Zug Verspätung hat?" Im Anschluss daran:

- o „Wohin fahren Sie?" oder

- o „Fahren Sie auch nach ...?"

Schauen Sie dabei den Gesprächspartner an, zeigen Sie eine offene und positiv wirkende Körpersprache.

Geeignete Smalltalk-Themen

Drei Fragen sollten Sie im Vorfeld zur Vorbereitung der Smalltalk-Situationen klären:

1. Was sind Zweck und Rahmen der Veranstaltung?
2. Mit welchem Publikum ist zu rechnen?
3. Was ist der Grund für das Treffen oder das Gespräch?

Was immer Ihren Gesprächspartner interessiert, gilt als ein passendes Thema, auch für Sie. Kennen Sie sich mit dem Thema Ihres Gegenübers nicht aus, kann das als beste Voraussetzung für einen guten Smalltalk angesehen werden.

Stellen Sie Ihrem Gesprächspartner abwechslungsreiche Fragen, bis Sie das Thema verstehen. Sie erfahren dabei Neues und vielleicht gewinnen Sie dadurch zukünftig einen netten Bekannten. Die Fragen sollen nicht in eine Inquisition ausufern, sondern harmonisch im Dialog platziert sein.

Versuchen Sie Gemeinsamkeiten zu finden. Gleiche Interessen, Hobbys oder Erlebnisse lassen einen Smalltalk sprudeln.

Unverfängliche Themen

Weiter oben wurden die klassischen Tabu-Themen aufgelistet. Was bleibt denn nun als Gesprächseinstieg?

Unverfängliche Themen, scheinbar Belangloses oder Alltägliches kann der erste Schritt zum Einstieg sein. Es werden keine tiefgründigen, philosophischen Fragen oder wissenschaftlichen Ausführungen erwartet. Wichtiger als das ‚Was' ist jetzt das ‚Wie'. Nämlich Ihre menschliche, überzeugende Art, aufzutreten.

Hier einige unverfängliche und damit mögliche Smalltalk-Themen:

- Anlass des Treffens

- o „Bin ja mal gespannt, was mich hier erwartet."

- o „Freue mich, eingeladen zu sein. Mal sehen, welche Überraschungen uns erwarten."
- Veranstaltung, auf der Sie sich befinden
- o „Waren Sie schon mal zu solch einer Veranstaltung hier?"
- o „Ich bin heute zum ersten Mal hier. Sie auch?"
- der Raum, in dem Sie sich befinden
- o „Angenehmer Raum hier."
- o „Interessante Gestaltung des Raums."
- der Veranstaltungsort (Stadt, Dorf), in dem Sie sich befinden
- o „Liegt ja schön im Grünen."
- o „Wissen Sie, wie weit es zum Bahnhof ist?"
- die Anfahrt zum Veranstaltungsort
- o „Sind Sie mit dem PKW angereist?"
- o „War ja wunderbar zu finden."
- die Umgebung des Veranstaltungsorts
- o „Ist ein eindrucksvolles Gebäude hier."
- o „Scheint sich hier um einen alteingesessenen Betrieb zu handeln."
- Kunst, wie Literatur, Filme, Theater, Konzert, Oper. Dabei nicht mit eigenem kulturellen Wissen protzen – und Vorsicht mit (negativen) Wertungen. Da Sie die Meinung des Gegenübers noch nicht einschätzen können, ist das Risiko der Missstimmung zu groß.
- aktuelle Ereignisse
- o „Haben Sie schon vom Vulkanausbruch auf ... gehört?"
- Urlaub beziehungsweise Reiseerlebnisse, ohne zu protzen
- o „Na, haben Sie schon Urlaubspläne?"
- Knüpfen Sie an Feiertage und Jahreszeiten an
- o „Konnten Sie die Feiertage stressfrei verbringen?"
- Aber auch Fragen nach dem beruflichen Umfeld sind erlaubt
- o „Welche Funktion übernehmen Sie denn hier im Hause?"
- Hobby (ohne andere zu langweilen)
- Freizeitgestaltung
- Sport (eventuell, nicht dann, wenn es andere Gesprächspartner langweilt)
- Gemeinsamkeiten herausfinden

- o „Wie ist denn Ihre Meinung zu …?"
- o „Essen Sie auch so gerne wie ich?"
- Wetter (aber nur, wenn wirklich absolut nichts anderes mehr einfällt)

Smalltalk während eines Aperitif-Empfangs

Während der Aperitif-Zeit (hier wird das meist alkoholhaltige Getränk vor dem Anlass beziehungsweise dem Essen gereicht) ist eine ideale Möglichkeit, einen Smalltalk zu halten.

Dabei halten Sie Ihr Getränk mit der <u>linken</u> Hand. Um zu trinken, wird das Glas allerdings erst in die <u>rechte</u> Hand gewechselt. Das Halten in der linken Hand hat den Vorteil, dass die rechte Hand (die sogenannte Greifhand) frei bleibt.

Wenn Sie einen neu hinzukommenden Gast per Handschlag begrüßen wollen, geben Sie diesem bekannterweise die rechte Hand.

Stehen sich zwei Gesprächspartner direkt gegenüber, zeigen sie damit den anderen Gästen, dass sie lieber alleine bleiben möchten.

Öffnen sich die Gesprächspartner hingegen leicht nach einer Seite, sind sie bereit, einen Dritten gerne willkommen zu heißen.

Da die Zeit des Smalltalks auch dazu dient, mit weiteren Gästen Kontakt aufnehmen zu können, ist die zweite Art zu Stehen zu bevorzugen.

Zugehen auf eine Gruppe

Wenn Sie als neu Hinzukommender den Veranstaltungsraum betreten, wenden Sie sich am besten einem Alleinstehenden, einer Zweiergruppe oder einer kleinen Gruppe Sprechender zu, die durch die Art des Stehens signalisieren, dass ein weiterer Gesprächspartner willkommen ist.

Zugehen auf eine Person: Zugehen auf zwei Personen:

Zugehen auf eine Gruppe:

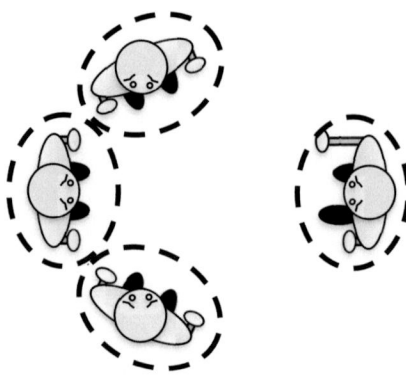

So können Sie vorgehen: Gehen Sie auf die Gruppe zu, warten Sie einen Augenblick und begrüßen dann mit einem Lächeln die Anwesenden. Zum Beispiel so:

- „Einen schönen Guten Abend, darf ich mich vorstellen? Mein Name ist ...“
- „Ich hoffe, ich störe nicht. Ich heiße ...“
- „Hallo. Sie haben sicherlich nichts dagegen, wenn ich mich zu Ihnen geselle?“

Der Tipp ist eindeutig: Klinken Sie sich so schnell wie möglich in eine Gruppe ein. Je länger Sie warten, desto schwieriger wird es für Sie, einen Anschluss zu finden. Fehlt Ihnen der Mut, können Sie schnell zu einem ‚Mauerblümchen' werden. Und wer hat gerne mit Mauerblümchen zu tun?

Natürlich wird es für Sie wesentlich leichter, werden Sie vom Gastgeber oder der Gastgeberin einer Gruppe vorgestellt. Sind Sie der Gastgeber, dann helfen Sie Ihren Gästen, sich einander bekanntzumachen.

Sprechen Sie Ihr Gegenüber mit seinem Namen an. Das macht Sie sympathischer, das Gespräch menschlicher und Sie werden den Namen Ihres Gesprächspartners leichter behalten. Namen machen Menschen ‚menschlich' und persönlich. Der Betreffende tritt sozusagen aus der Masse anonymer Menschen raus. So können Sie Gäste auch später leichter wiedererkennen und gleich mit dem richtigen Namen ansprechen.

Die Gruppe wechseln

Genauso schwierig, wie es scheint, auf eine Gruppe zuzugehen, kann es auch sein, sich von dieser Gruppe wieder zu entfernen. Der Smalltalk soll nicht dazu dienen, sich während der kompletten Aperitif-Zeit bei denselben Anwesenden aufzuhalten. Nutzen Sie die Chance, auch andere kennenzulernen.

Schauen Sie deshalb während des Smalltalks hin und wieder (allerdings nicht zu auffällig) in die Runde. Haben Sie andere Eingeladene entdeckt, die Sie begrüßen möchten, verabschieden Sie sich von Ihren augenblicklichen Gesprächspartnern zum Beispiel so:

- „Entschuldigen Sie bitte, aber ich sehe gerade ...“

Diese oder ähnliche Formulierungen können Sie auch wählen, wenn Sie keinen Bekannten sehen, aber trotzdem Ihre Gesprächsrunde wechseln möchten.

Es könnte aber auch sein, dass Ihr Gesprächspartner Sie mit seinen Ausführungen langweilt oder Sie so stark in Beschlag nimmt, dass ein Smalltalk mit anderen Gästen kaum möglich ist. Hier scheint es nur eine Lösung zu geben, sich relativ radikal aus der Bindung zu befreien. Zum Beispiel so:

- „Das Gespräch mit Ihnen ist wirklich interessant. Wir sollten es zu einem späteren Zeitpunkt fortführen. Sicherlich sehen wir uns heute im Laufe des Abends (Anlasses) noch. Viel Vergnügen wünsche ich Ihnen. Bis später."

oder

- „Ich gehe nun mal zum Buffet. Mal schauen, was die Küchenbrigade gezaubert hat. Bis später ..."

Nun sollten Sie so schnell wie möglich das Weite suchen.

Weshalb die Gruppe wechseln?

Durch den Wechsel zu anderen Gruppen erreichen Sie, dass Sie mit verschiedenen Gästen ins Gespräch kommen können. Auf diese Weise lernen Sie andere Menschen kennen. Sicherlich können sich dadurch auch interessante Kontakte entwickeln.

Sollte im Anschluss an die Aperitif-Zeit ein Bankett oder Essen folgen, suchen Sie zeitig vor dem Wechsel zum Tisch den gewünschten oder zugeordneten Tischpartner auf. Beim Wechsel in den Bankettraum bleibt das Aperitifglas im Aperitifraum stehen.

Die Gruppe wird zu groß

Natürlich können auch drei, vier oder vielleicht noch mehr Gäste beim Smalltalk zusammenstehen.

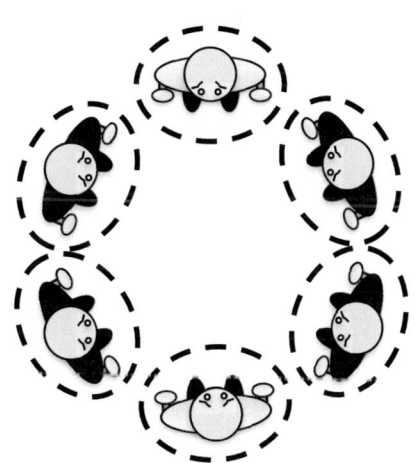

Die Erfahrung zeigt aber, dass sich eine Gruppe ab etwa fünf oder sechs Personen bald in zwei Gruppen teilt. Die Konversation in kleineren Gruppen wird offensichtlich vorgezogen.

Es hat sich eine 6er-Gruppe gebildet.

Innerhalb der Gruppe bilden sich zwei Untergruppen, hier jeweils drei Personen.

Die Gruppe wird sich gleich trennen.

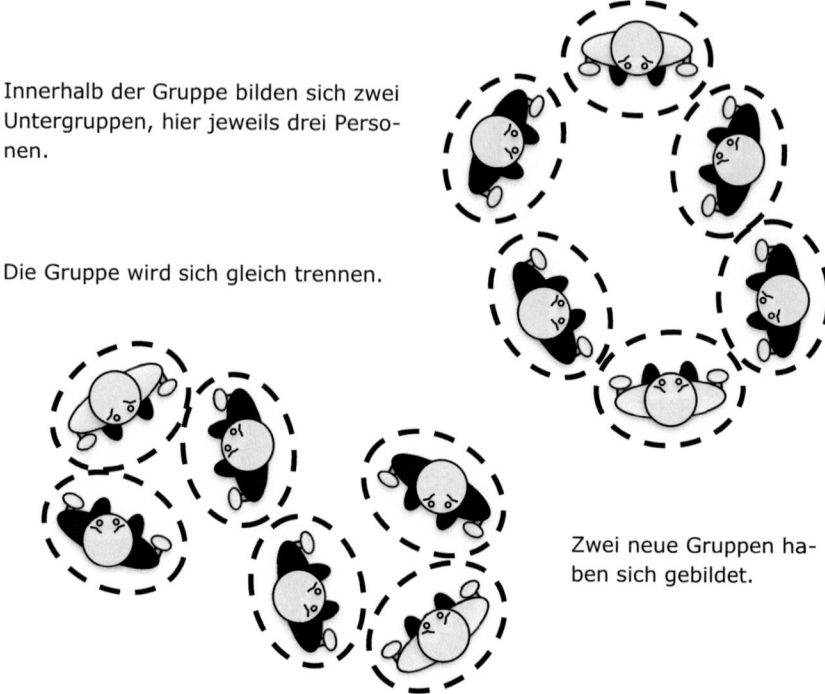

Zwei neue Gruppen haben sich gebildet.

Menschliche Distanz-Zonen

Unter Distanz wird der körperliche Abstand zweier Personen zueinander verstanden. Vier verschiedene Distanz-Zonen können in unserer Kultur erkannt werden:

- Intime Distanz = 0 – 50 cm
  - o Ausnahme: Friseur, Masseur, Arzt, Tanzen usw.
- Persönliche Distanz = 50 – 100 cm
  - o Smalltalk, erfolgreiche Gesprächsführung
- Gesellschaftliche oder soziale Distanz = 100 – 200/300 cm
  - o Jemand betritt den Raum und schaut sich erst mal um (Abwartezone)
- Öffentliche Distanz = > 200/300 cm
  - o Redner/in vor Publikum; Dezent/in vor Studierenden

Je nachdem, wie gut Sie jemanden kennen beziehungsweise was Sie mit diesem Menschen zu tun haben, werden Sie eine unterschiedliche Distanz einnehmen.

Schritt 3 – Smalltalk professionell führen

Ein Mensch ist also von einem gewissen unsichtbaren ‚Distanz-Ballon' umgeben. Dieser unsichtbare Ballon ist bei dem einen mehr, bei dem anderen weniger weit um den Körper gelegt. Er bestimmt, wie weit Sie beim Gespräch mit anderen einen gewissen körperlichen Abstand halten.

Stehen Sie einer Person gegenüber, ergibt sich der Abstand anscheinend von selbst. Zwischen den Betreffenden treffen sich die Ballons. Tritt einer näher an den Gesprächspartner heran, wird dieser etwas zurückweichen.

Bei ‚gleichwertigen' Gesprächspartnern gleicht sich die Distanz automatisch aus.

Zu weit auseinander für den Smalltalk	Zu nahe zueinander für den Smalltalk	Passende Distanz für den Smalltalk
		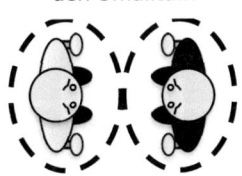

Hierarchie der Berührung

Quelle: Spiegel 4/2015: „In der Politik wie im Berufsleben gibt es so etwas wie die Hierarchie der Berührung. Wer Chef ist, der darf drücken und umarmen. Das selbstverständliche Überschreiten einer intimen Grenze ist auch Beleg dafür, dass man sich über Regeln, die für andere gelten, hinwegsetzen kann.

Vom Herrscher geherzt zu werden hat als Ehre zu gelten; umgekehrt muss der Herrscher genau darauf achten, nicht als Opfer einer ungehörigen Annäherung dazustehen."

Distanz in anderen Kulturen

In anderen Kulturen kann die Distanz-Zone deutlich von unserer abweichen. So ist sie in vielen asiatischen Ländern weiter, in vielen süd-amerikanischen deutlich geringer ausgeprägt als bei uns.

Defilee

Ein Ihnen bekannter Gastgeber hat Sie zu einem großen Empfang eingeladen. Die Gäste reihen sich auf, um den Gastgeber und dessen Partnerin zu begrüßen und um für die Einladung zu danken.

Da eine große Zahl an Gästen um Einlass begehrt, ist die Reihe der Wartenden lang geworden. Sie stehen mit Ihrer Partnerin, die den Gastgeber übrigens noch nicht kennt, erwartungsvoll dem Ereignis harrend, in der Reihe.

Feierliches Vorbeischreiten

Unter Defilee wird ein Vorbeigehen, ein feierliches Vorbeischreiten an einer Ehrenformation oder einer besonderen Persönlichkeit verstanden.

So gehen Staatsgäste mit dem Staatsoberhaupt auf dem roten Teppich zum Beispiel eine Ehrenformation ab. Hier wird der Begriff insoweit umformuliert, dass die Gäste nicht an den Gastgebern vorbeischreiten, sondern dort stehenbleiben, um diese zu begrüßen.

Aus eigener Blickrichtung betrachtet, steht der Herr links der Dame. Die Gäste sind so aufgereiht, dass sie zuerst am Einladenden, nämlich dem Gastgeber, ankommen.

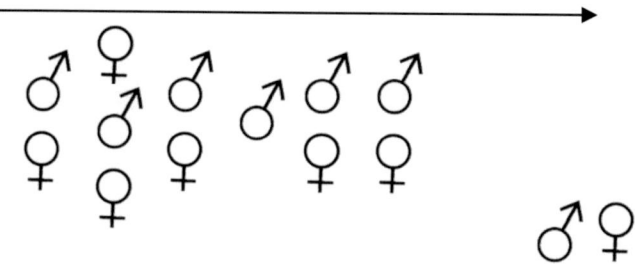

Auch Sie stehen in der Reihe der Wartenden so, dass die Dame rechts des Herrn steht

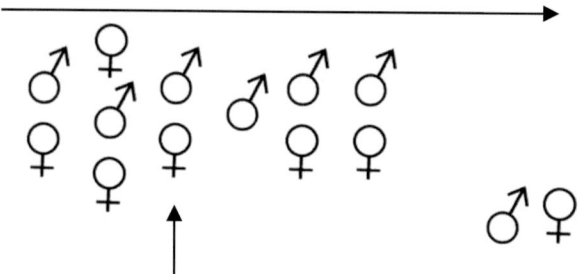

Die Gästeschlange bewegt sich Schritt für Schritt nach vorn. Gleich sind Sie an der Reihe.

Da Ihre Begleitung den Gastgeber nicht kennt, begrüßen Sie zuerst den Gastgeber.

Nun ist es soweit. Sie (Tim Mertens) drehen sich zum Gastgeber (Jan Ritter), lächeln diesen offen an und ergreifen die entgegengestreckte Hand des Gastgebers. Der Dialog könnte sich wie folgt entwickeln:

Gastgeber	„Herzlich willkommen, Herr Mertens."
Sie selbst	„Vielen Dank, Herr Ritter. Einen wunderschönen guten Abend und ebenso herzlichen Dank für die Einladung."
Gastgeber	„Das ist sehr gerne geschehen. Ich freue mich, dass Sie meiner Einladung Folge leisten konnten."
Sie selbst	„Das ist ein wunderschöner Ort hier. Wir freuen uns auch, hier sein zu dürfen. Darf ich Ihnen meine Partnerin vorstellen?"
Gastgeber	„Sehr gerne," sich Ihrer Partnerin zuwendend.

Sie stellen sich nun vor. Etwas knifflig schon, da der Ranghöhere immer zuerst wissen darf, wer der andere ist. Sie entscheiden, dass zu diesem Anlass der Gastgeber ranghöher einzustufen ist.

Sie selbst	Zum Gastgeber gewendet, sagen Sie: „Herr Ritter, das ist meine Partnerin Monika Mertens." Zu Ihrer Partnerin gewendet: „Monika, das ist Herr Jan Ritter." Oder: „Monika, das ist unser Gastgeber, Herr Jan Ritter."

Herr Ritter und Frau Mertens reichen sich die Hand und lächeln sich dabei an.

Gastgeber	„Auch Ihnen ein herzliches Willkommen, Frau Mertens."
Monika Mertens	„Sehr nett von Ihnen, Herr Ritter. Vielen Dank für die Einladung."
	Zu beiden gewendet: „Ich darf Ihnen die Gastgeberin vorstellen. Das ist meine Ehefrau, Karin Ritter."
Gastgeber	Er wendet sich zur Ehefrau: „Das ist das Ehepaar Monika und Tim Mertens. Viel Vergnügen heute Abend."
	Der Gastgeber wendet sich den nächst wartenden Gästen in der Reihe zu.

Sie, Ihre Partnerin und die Gastgeberin sind einander vorgestellt. Jetzt gilt es, die Hand zu reichen. Die Gastgeberin wird zuerst Ihrer Partnerin und dann Ihnen die Hand reichen.

Gastgeberin	Zu Ihrer Partnerin: „Ich freue mich sehr, Sie kennenlernen zu dürfen. Ich bin Karin Ritter."
Monika Mertens	„Ganz meinerseits. Monika Mertens."
Gastgeberin	Zu Ihnen: „Guten Abend, Herr Mertens."
Sie selbst	„Einen wunderschönen guten Abend, Frau Ritter. Danke für die Einladung."
Gastgeberin	„Sehr gerne doch. Ich habe schon viel Gutes von Ihnen gehört und freue mich, Sie endlich einmal direkt treffen zu können."
Sie selbst	„Das freut mich zu hören. Vielen Dank für das Kompliment."
Monika Mertens	„Eine bezaubernde Kulisse für die Einladung, die Sie gewählt haben."
Gastgeberin	„Vielen Dank. Dann wünsche ich Ihnen einen angenehmen und abwechslungsreichen Abend hier. Wir sehen uns bestimmt noch."
Sie selbst	„Ja, bis später."
Monika Mertens	„Auch Ihnen einen schönen Abend, Frau Ritter. Bis später."

Wertvolle Zeit

Zur Erinnerung: Denken Sie an die Zeit. Schenken Sie (als Gastgeber) jedem Gast möglichst viel Zeit, aber nur wiederum so viel, dass für jeden Gast genügend Zeit bleibt.

Eine Minute pro Gast entspricht einer Stunde bei sechzig Gästen!

Schritt 4 – Die Begrüßung und die Vorstellung

Die eigene Persönlichkeit einbringen

„Hallo, mein Name ist ..."

Der Name ist ein Stück des Seins und der Seele.
Thomas Mann, dt. Essayist und Novellist
(1875 - 1955)

Die Begrüßung

Gäste begrüßen sich gegenseitig, sofern sie nicht vorgestellt werden müssen. Einige Regeln, die bei der Begrüßung beachtet werden sollen.

Begrüßt wird dem Rang nach, also

- zuerst die Dame, dann der Herr
- zuerst die ältere Person, dann die jüngere Person
- zuerst die ranghöhere Person, dann die rangniedere Person
- zuerst der Fremde, dann der Bekannte
- zuerst der Ausländer, dann der Inländer

Es wird sich herzlich begrüßt, die rechte Hand geboten und sich dabei in die Augen geschaut. Ein Lächeln ist bereits der Anfang zu einem angenehmen Klima.

Wird auf das Händereichen verzichtet, gelten trotzdem dieselben Regeln der oben beschriebenen Reihenfolge.

Hand reichen bei Paaren

Bei allen folgenden Überlegungen wird das Verhalten vor der Pandemie gezeigt. Nach Abklingen der Schutzmaßnahmen könnte die ursprüngliche (hier dargestellte Form) wieder aufgenommen werden.

Zum besseren Verständnis wird in den Beispielen von (Ehe)-Paaren ausgegangen. Selbstverständlich gelten alle Regeln gleichwertig auch dann, wenn zwei Frauen oder zwei Männer auf andere zugehen.

Da sich Menschen (aus Gründen des Aberglaubens) die Hände nicht über Kreuz reichen sollen, gibt es eine Vorgehensweise, das zu vermeiden.

Zwei Paare stehen sich gegenüber und verfahren wie folgt:

1. Schritt; Diagonal.

Zuerst reichen sich die beiden Damen (in Grau) die Hand.

2. Schritt: Parallel.

Die gegenüber Stehenden reichen sich die Hand.

3. Schritt: Diagonal.

Und schließlich geben sich die beiden Herren die Hand.

Die Hand reichen

Was während der Corona-Pandemie aufgrund der Schutzregeln von vielen vermisst wurde, war der ‚persönliche' Kontakt, die ‚intime' (wohlgemerkt nicht sexuelle!) Nähe zueinander.

Die Hand zu geben schafft auf jeden Fall Nähe. Allein schon körperliche Nähe. Genau genommen gibt es nichts Intimeres als einen anderen Menschen von Haut zu Haut zu berühren.

Andererseits sollen Sie niemanden nötigen müssen, die Hand zu reichen. Also: Es ist jedermann (und jeder Frau) selbst überlassen, die Hand zum Gruß zu reichen.

Wird Ihnen eine Hand zum Gruß entgegengestreckt und Sie ergreifen die Hand nicht, ist das Ihre Entscheidung, auch wenn der andere meinen könnte, gerade ‚einen Korb' erhalten zu haben.

Einige wenige Menschen haben noch Umgangsformen im Kopf, die in der heutigen Geschäftswelt überholt sind. So meinen sie, dass nur die ältere oder eine ranghöhere Person berechtigt sei, einer anderen zuerst die Hand zum Gruß zu reichen.

In gewissen Kreisen scheint das noch angemessen zu sein. Für moderne Menschen gilt allerdings, dass jeder jedem die Hand zuerst reichen kann. Dabei ist es gleich welches Alter, welches Geschlecht, welchen Rang sein Gegenüber einnimmt.

Die Art die Hand zu reichen

Reichen Sie die Hand, stehen Sie sich gegenüber. Sie befinden sich sozusagen auf derselben Höhe wie Ihr Gesprächspartner. Die beiden Handflächen berühren einander. Manche geben eine Hand deutlich von weit oben und zeigen damit, dass sie sich ‚über' dem Gesprächspartner fühlen.

Auch ist es eher unangenehm, wenn einer die Handfläche nicht auflegt, sondern den Handrücken wölbt. Es entsteht dadurch eine Hohlfläche zwischen beiden Händen. Heißt das: „Ich mag dich nicht berühren?"

Hin und wieder begegnen wir auch Brüdern eines Terminators, wie ehemals Arnold Schwarzenegger in der Filmrolle. Diese Menschen fühlen den Zwang zu zeigen, wie gut durchtrainiert ihre Handmuskeln sind. Sie scheinen dabei keine Rücksicht auf die Knochen des Gegenübers nehmen zu wollen. Das muss doch wohl nicht sein?

Andererseits ist es auch nicht für jeden angenehm, eine Art ‚Waschlappen-Hand' zu ergreifen. Auch wenn es nicht stimmen muss, aber diesen Menschen wird oft nachgesagt, dass sie einen schwachen Charakter haben.

Konsequenz: Nicht zu fest – nicht zu weich drücken, aber auf gleicher Höhe wie das Gegenüber.

Übrigens: Beim Handreichen bleibt die zweite Hand nicht in der Hosentasche!

Wer ist ranghöher beim Händedruck?

Weiter oben steht geschrieben, dass Sie eine ranghöhere Person zuerst begrüßen.

Zuerst:

- die Damen (im Vergleich zu den Herren),
- die Älteren (im Vergleich zu den Jüngeren),

- die Vorgesetzten (im Vergleich zu den Mitarbeitern).

Ganz Pfiffige werden bereits gemerkt haben, dass sie leicht in eine Konfliktsituation geraten können, wenn zum Beispiel mehrere Damen gleichzeitig begrüßt werden sollen. Wen begrüßen Sie zuerst? Auch hier gilt die Regel, dass die ältere Person vor der jüngeren begrüßt wird.

Wäre das wirklich besonders gut? Sie hätten dann eindeutig die älteste Person identifiziert, wenn Sie der ältesten Person zuerst die Hand reichten. Was aber, wenn eine der Damen nur geringfügig älter ist?

Nach den modernen Umgangsformen ist die oben beschriebene Vorgehensweise zwar korrekt, aber damit würden Sie die ältere Person vor den Kopf stoßen!

Nicht jede Person mag unbedingt als alt und schon gar nicht als die ältere oder gar die älteste erkannt werden. Sie hätten dann – trotz Einhaltung der Regeln – einen Fauxpas begangen.

Wie kommen Sie aus diesem Teufelskreis heraus? Sie können sich vorstellen, wie kompliziert das in der Realität wird.

Deshalb gilt folgender Königsweg: Gehen Sie der Reihe nach! Dabei spielt es keine Rolle, ob Sie im Uhrzeigersinn oder gegen den Uhrzeigersinn begrüßen. Wenn Sie in dieser Weise vorgehen, dann sagen Sie – allerdings hörbar – dazu:

- „Ich darf eben mal der Reihe nach gehen." Oder

- „Ich gehe eben mal der Reihe nach." Oder

- „Ich begrüße Sie der Reihe nach."

Dann wird sich niemand verletzt fühlen.

Oder so:

Sollte sich eine <u>deutlich</u> ältere Person in der Reihe befinden (hier die Person in der Mitte), können Sie diese zuerst begrüßen und gehen dann immer weiter im Uhrzeigersinn (oder gegen den Uhrzeigersinn, das ist dann egal), bis der gedachte Kreis komplett berücksichtigt wurde.

Wissen Sie einmal gar nicht, wie Sie vorgehen sollen, verbalisieren Sie das einfach: „Jetzt weiß ich gar nicht, wem ich zuerst die Hand reichen darf. Ich beginne einfach mal hier."

Die Vorstellung

Die Vorstellung erfolgt ebenso unter Rücksichtnahme des ‚Rangs'. Die rangniedere Person wird der ranghöheren vorgestellt. Also: Vorgestellt wird …

- … der Herr der Dame.
- … die jüngere Person der älteren Person.
- … die rangniedere Person der ranghöheren Person.
- … der Bekannte dem Fremden.
- … der Inländer dem Ausländer.
- … wer schon da ist demjenigen, der dazukommt.

Die ranghöhere Person darf zuerst wissen, wer die andere ist.

Begleitet wird die Vorstellung durch erklärende Worte des Gastgebers. Zum Beispiel:

- „Frau Vorbau, darf ich vorstellen, das ist Herr Sturm."

Die beiden Vorgestellten geben sich die Hand und antworten in etwa:

- „Freut mich."
- „Freut mich sehr."
- „Es freut mich, Sie kennenzulernen."
- „Es freut mich sehr, Sie kennenzulernen, Frau Vorbau/Herr Sturm."

Oder der eigene Name wird wiederholt:

- „Sturm, guten Abend." Oder im familiären Jargon:
- „Hallo."

Veraltet sind Antworten wie:

- „Angenehm."

- „Sehr angenehm."

Wenn Sie sich selbst vorstellen, kann das so verlaufen:

- „Darf ich mich vorstellen, mein Name ist Sturm." – „Das freut mich Sie kennenzulernen, ich bin Frau Vorbau."

Bei eher informellen Anlässen kann so vorgegangen werden:

- „Hallo, ich bin der Christian." Oder mit dem Nachnamen:

- „Guten Abend, ich heiße Christian Sturm."

Im ersten Fall wird die Bereitschaft gezeigt, später gegebenenfalls ‚geduzt' zu werden. Im zweiten Fall soll eher ‚gesiezt' werden.

Auch in Deutschland setzt sich in einigen Firmen allmählich durch, sich mit dem Vornamen anzureden, aber beim ‚Sie' zu bleiben.

- „Es freut mich, Sie kennenzulernen, Christian."

Wie bei der Begrüßung, schauen sich die Betreffenden während des Bekanntmachens oder der Vorstellung direkt in die Augen.

Sie lächeln freundlich und reichen sich gewöhnlich die Hand und zwar dann, wenn die beiden vorzustellenden Gäste beim Namen genannt werden.

Anrede mit dem Vornamen

Im formellen als auch im privaten Rahmen sind im angelsächsischen Raum die Nennung und die Anrede mit dem Vornamen unter Gleichgestellten und von Älteren zu Jüngeren ebenso wie von Vorgesetzten zu Mitarbeitern gebräuchlich.

Auch der Dienstgradhöhere redet den Dienstgradniedrigeren, wenn er ihn gut kennt, mit dem Vornamen an.

Der umgekehrte Weg verbietet sich üblicherweise. Die Anrede mit dem Vornamen hat nichts mit Duz-Bruderschaft zu tun.

Die Visitenkarte überreichen

Es ist viel mehr wert, jederzeit die Achtung der Menschen zu haben, als gelegentlich ihre Bewunderung.
Jean-Jacques Rousseau, schweiz. Schriftsteller
(1712 - 1778)

Das Ego auf Papier

Bedauerlicherweise scheint es in Deutschland immer noch nicht überall eine Selbstverständlichkeit zu sein, beim ersten Präsenz-Kontakt die Visitenkarte zu überreichen.

Manchmal wird sie wenigstens bei der Verabschiedung gegeben. Tatsächlich soll die Visitenkarte möglichst zu Beginn des Smalltalks übergeben werden.

Sie stehen einander gegenüber.

Erhalten Sie eine Visitenkarte, überreichen Sie die Ihrige ebenso sofort.

Überreichen Sie Ihre Karte (in unserer Kultur!) mit Ihrer linken Hand, damit Ihr Gegenüber mit seiner rechten Greifhand die Karte entgegennehmen kann.

Die erhaltene Visitenkarte wird sorgfältig gelesen. Achten Sie besonders auf den Namen des Karteninhabers.

So können Sie Ihren Gesprächspartner noch besser mit seinem Namen anreden. Auch kann es für Sie interessant sein zu wissen, in welchem Bereich oder in welchem Unternehmen Ihr Gesprächspartner tätig ist.

Stecken Sie dann die Visitenkarte in Ihre Jackentasche. So können Sie auch später im Laufe des Treffens oder der Veranstaltung immer wieder nachschauen, wie der Gesprächspartner heißt.

Gerade während eines Business-Netzwerk-Smalltalks wird erwartet, dass Sie sich beruflich ‚outen', damit der andere weiß, wie er Sie einordnen kann – und vor allem, ob sich später eine geschäftliche Beziehung anbahnen könnte.

Profis führen immer eine ausreichende Anzahl perfekt gestalteter Visitenkarten mit sich.

Trotz aller gegebenen Vorsicht im Sinne des Datenschutzes, werden hier (persönliche) Angaben gewollt ausgetauscht.

Das Netzwerk ausbauen

Mit das Wichtigste für die berufliche und damit auch für die private Karriere ist das sogenannte Netzwerk. „Ich kenne da einen, der kennt einen ...“ Unbestätigten Berichten zufolge, kommt jeder von uns über fünf weiterführende Kontakte zum amtierenden US-Präsidenten.

Je besser dieses Netzwerk ausgebaut ist, desto höher die Wahrscheinlichkeit, dass ich jemanden kenne, der jemanden kennt, ...

An ein funktionierendes Netzwerk sind einige Bedingungen gestellt. Ein Netzwerk darf nicht nur passiv genutzt werden.

Ein Netzwerk lebt durch die Aktivität, durch den Input. „Ich gebe etwas.“ Vielleicht bekomme ich dann, wenn ich es brauche, etwas zurück. Wenn nicht, ist es auch gut.

Netzwerke müssen gepflegt werden. Kontakte müssen aufrechterhalten werden. Massen-E-Mails sind hierzu nicht die Lösung. Individuelle – und damit zeitaufwendige – Mails, Briefe, Austausche und Telefonate führen zum Erfolg.

Das ist mit sehr großer Mühe verbunden. Daraus folgend: Nicht die Quantität der Kontakte ist entscheidend, sondern die Intensität.

Führungskarten

Ganz selten noch anzutreffen: Bei besonderen Anlässen und großer Gästezahl können sogenannte Führungskarten am Tafelorientierungsplan ausliegen.

Auf der Vorderseite steht jeweils der Name eines Herren und auf der Rückseite der Name der Dame, die er als Tischpartnerin zu Tisch geleitet.

Schritt 5 – Interkultureller Smalltalk

Eintauchen in fremdartige Gebräuche

Fremd ist anders

> *Die Welt ist ein Buch, von dem man nur die erste Seite gelesen hat,*
> *wenn man nur sein Land gesehen hat.*
> **Fougeret de Monbron, frz. Schriftsteller**
> *(1706 - 1760)*

Lassen Sie den Fremden sich wohlfühlen

Aufgrund der Globalisierung, des weltweiten, kommerziellen und politischen Handels, sowie Zugriffen auf soziale Netzwerk-Plattformen in der Kommunikation und im Aufeinandertreffen gibt es (fast) keine kommunikativen Grenzen mehr.

Dabei gilt, dass fremdes Verhaltensmuster nicht ‚falsch' ist, sondern ganz einfach ‚anders'.

Obwohl weltweit davon ausgegangen wird, dass immer jene Verhaltensmuster gelten, die im besuchten Land als korrekt angesehen werden, sollen dem Fremden keine für ihn ungewohnten Verhaltensweisen als Stolpersteine in den Weg gelegt werden. So ist es im Smalltalk ein ausgesprochenes Ziel, eine Atmosphäre zu schaffen, in der der Fremde sich absolut wohl fühlt.

Distanz im Ausland

So lässt sich feststellen, dass es verschiedene Distanz-Zonen zueinander gibt, wenn sich zwei Gesprächspartner gegenüberstehen.

Der in hiesiger Kultur übliche Abstand wird in vielen asiatischen Ländern als zu nahe, in einigen südamerikanischen Ländern hingegen als viel zu distanziert empfunden.

Im ersten Fall mag sich das Gegenüber bedrängt fühlen und wird versuchen, die Distanz zu vergrößern. Im zweiten Fall wundert sich das Gegenüber über die scheinbar abwehrende Distanz und versucht diese durch räumliches Annähern auszugleichen. Uns hingegen wirkt das dann manchmal als allzu aufdringlich.

Händedruck im Ausland

Jemandem die Hand zur Begrüßung zu reichen, erscheint uns selbstverständlich, während in anderen Kulturen auf den Händedruck verzichtet wird.

Nach wie vor wird die Rolle der Frau und des Mannes nicht überall gleichwertig gesehen, sodass es besonders bei geschäftlichen Beziehungen zu Herausforderungen für beide Seiten kommen kann.

Daraus folgt, dass der Hiesige mehr Sensibilität für Ungewohntes aufbringen und verstehen sollen, wenn sich ein Besucher aus einem fremden Land ganz untypisch (nach eigener Betrachtungsweise) verhält.

Hier wird für einige Kulturbereiche erläutert, was als typische Dos und Don'ts betrachtet werden darf.

Arabische Länder

Immerhin gehören ca. 24 Länder (von insgesamt über 190 UN-registrierten Ländern) zu den arabischen Ländern.

Der islamische Einfluss hat dort eine sehr große Bedeutung, was sich in der Rolle Frau – Mann sofort widerspiegelt.

So kann es geschehen, dass weibliche Gesprächspartner als nicht ‚wertvolle' Gesprächspartner angesehen werden.

Auch wenn das in unserer Kultur als abwertend angesehen wird, empfiehlt es sich, zum Beispiel bei Verhandlungen, auf diesen Punkt zu achten. So kann es auch geschehen, dass der (deutschen) Geschäftspartnerin die Hand nicht gereicht wird.

Unabhängig davon, sollten (deutsche) Männer ausgesprochen vorsichtig mit Körperberührungen (und dazu gehört eindeutig der Händedruck) sein, sollte eine Frau aus einem arabischen Land bei einer Verhandlung anwesend sein. So gut wie keinen Blickkontakt der Frau gegenüber einsetzen.

Beim Sitzen darauf achten, dass für den Gesprächspartner die Schuhsohlen nicht sichtbar sind, da dies als ausgesprochen unhöflich gilt.

Religiöse Themen, speziell alles was mit Allah und dem Propheten Mohammed zu tun hat, vermeiden. Damit rechnen, dass die Gesprächspartner sich plötzlich entfernen, um ihren Gebeten nachzugehen.

In Verhandlungen genügend Spielraum einplanen, da gegebenenfalls gehandelt wird. Geduld ist gefragt. Handeln ist erwünscht.

Die Begrüßung unter Geschäftspartnern verläuft sehr formell. Namen werden genannt und Titel sollen unbedingt genannt und beachtet werden.

Der überreichten Visitenkarte Interesse widmen. Ein schnelles Wegstecken der Karte kann als große Unhöflichkeit angesehen werden.

Verhandlungen erfordern viel Zeit und können auch hin und wieder unterbrochen werden, das heißt, der Gesprächspartner steht plötzlich auf oder lässt sich durch ein Telefongespräch ablenken. Lässt der Saudi-Araber während des Gesprächs immer wieder andere Aktionen einfließen (zum Beispiel Telefonate führt, oder Anweisungen an andere gibt), dann gilt, Ruhe zu wahren.

Verhandlungen führen leichter zum Erfolg, wenn sich eine gute persönliche Beziehung aufbaut.

Nichts mit der linken Hand überreichen oder gar mit der linken Hand Speisen zum Mund führen! Die linke Hand gilt als unrein. Hier also die Visitenkarte mit der rechten Hand überreichen. Schließlich: Religiöse Themen vermeiden.

Konservatives Business-Outfit wird getragen. Geschäftsfrauen wählen hochgeschlossene Kleidung – körperbetonendes Outfit ist tabu. Gegebenenfalls erscheint der Araber in seinem traditionellen Dishdash mit Gürtel oder einem gürtellosen Kaftan. Meist wird eine Kopfbedeckung getragen. Barfuß in Sandalen ist (für den Araber) erlaubt.

Australien

Im privaten Umfeld werden gerne Shorts und T-Shirts getragen. Im Geschäftsleben geht es hingegen ähnlich ‚streng' zu wie in Deutschland.

Bei der Vorstellung werden keine Titel genannt. Ebenso wird nicht mit anderen Statussymbolen angeben.

Zuerst wird das Gegenüber mit Vor- und Nachnamen angeredet, später ist die Anrede mit dem Vornamen üblich. Titel sind weniger wichtig, Angebereien werden vermieden. Bescheidenheit und Gelassenheit zählen.

Stets ein Lächeln im Gesicht, Blickkontakt halten und mit etwas Humor den Smalltalk würzen.

Ein dunkler Business-Anzug, auch ein mit Manschettenknöpfen getragenes Hemd, ist gerne gesehen. Der Anzug ist ein Muss.

Händeschütteln zur Begrüßung ist üblich, dabei stets ein Lächeln im Gesicht zeigen. Im Gespräch deutliches Interesse zeigen, Blickkontakt halten, Humor einsetzen.

Gleichberechtigung in jeglicher Hinsicht wird gelebt. Manchmal scheint der Umgangston untereinander etwas rau, ist aber keinesfalls negativ gemeint.

Australier sind in der Regel sehr stolz auf ihr Land. Aber: Vermeiden Sie, unaufgefordert über die Urbevölkerung, die Aborigines, zu sprechen. Der politische Umgang zu dieser Bevölkerungsgruppe birgt manchmal explosiven Gesprächsstoff.

China

2021 gibt es etwas mehr als 7,8 Milliarden Menschen auf dieser Welt.

Etwa 60 Prozent davon allein in Asien! So ist die Wahrscheinlichkeit hoch, jetzt oder in Zukunft mit Menschen aus diesem Kontinent in Berührung zu kommen.

Klar soll sein, dass China nicht China ist, denn das Land selbst ist auch wiederum so unglaublich groß, dass Verhaltensmuster je nach Ort voneinander abweichen können. Deshalb kann es in Folge nur eine Übersicht geben, die mehr oder weniger auf die meisten Chinesen bezogen werden kann.

In China, aber auch in anderen asiatischen Ländern, ist es unglaublich wichtig, das ‚Gesicht zu wahren'. In Verhandlungssituationen ist demnach darauf zu achten, den asiatischen Gesprächspartner nicht in die Enge zu treiben, also rhetorisch nicht ‚festzunageln'.

Der Gesprächspartner muss immer das Gefühl haben, eine Alternative zu finden. Deshalb gilt für Gesprächsteilnehmer: Lassen Sie Ihr Gegenüber vor anderen nicht ‚schlecht' aussehen. Zeigen Sie nicht, wo Fehler gemacht wurden und beharren Sie nicht auf bestimmten Punkten.

Bleiben Sie ruhig, vermeiden Sie lautes Reden oder gar Schreien. Gelassenheit, Lächeln und ruhiges Agieren wird als professionelles Handeln angesehen. Lächeln Sie oft!

Absolute Pünktlichkeit wird erwartet. Achten Sie darauf, wer bei einem Geschäftstreffen als Erster den Raum betritt. Er ist der Ranghöchste. Sollte er später eintreffen, werden alle Anwesenden aufstehen, bevor jener sich setzt. Der Ranghöchste wird als Erster begrüßt (auch wenn Frauen dabei sein sollten).

Visitenkarten werden mit beiden Händen überreicht, erhaltene Karten achten und nicht etwa achtlos in die Hosentasche stecken.

Die Gesprächspartner sollten ruhig und zurückhaltend sprechen, eine eher bedächtige Körpersprache wählen, so auch den Händedruck nicht zu stark austauschen und ausgesprochene Höflichkeit zeigen.

Die chinesischen Gäste nicht in eine Ecke zwängen, keine Zusagen abverlangen, wenig fordernd wirken, auch wenn sie für die eigene Vertragsgestaltung wichtig erscheinen.

Heikle Themen wie chinesische Innenpolitik, Falun Gong (verbotene religiöse Bewegung, verbunden mit traditionellen chinesischen Übungen, die teilweise im Freien durchgeführt werden) oder territoriale Konflikte nicht ansprechen.

Das Wort ‚nein' vermeiden. Die Formulierung „Ich will es mir gut überlegen" bedeutet eine Absage. Auch: „Darüber reden wir noch einmal" heißt eher: „Darüber brauchen wir erst gar nicht weiterzureden." Somit kann jeder sein Gesicht wahren.

Ein Nicken mit dem Kopf bedeutet nicht zwangsläufig eine Zustimmung, sondern eher „Ja, ich höre zu."

Übrigens: Sich Schnäuzen ist tabu – Schweißgeruch gilt als verpönt.

Frankreich

Räumen Sie genügend Zeit bei Gesprächen ein – ‚Prenez votre temps'.

Immer wieder wird behauptet, dass der Deutsche lebt, um zu arbeiten und der Franzose arbeitet, um zu leben. Wie dem auch sei: In vielen südeuropäischen Ländern scheinen die Uhren langsamer und gemütlicher zu gehen. Die Zeit scheint anders gewertet zu werden.

Dem Franzosen wird nachgesagt, dass er gerne viel Zeit beim Essen verbringt und dass dort auch geschäftliche Entscheidungen getroffen werden. Allerdings wird auf das Geschäftliche bis nach dem Hauptgang gewartet. Beim Käse, der gerne in Scheiben abgeschnitten und dann verzehrt wird oder beim Dessert, rückt dann das geschäftliche Anliegen in den Vordergrund.

Bei Einladungen wird sich in der Regel formell gekleidet. Maßgeschneiderte Anzüge werden gerne getragen, bevorzugt aus blauem Tuch. Wählen Sie keine karierte Sakko-Hose-Kombination.

Unpassend sind helle Anzüge am Abend. In Frankreich gilt es als sehr unerzogen, ja flegelhaft, wenn Sie das Bein über das Knie legen.

Im Gespräch werden Gesprächspartner mit Madame beziehungsweise Monsieur angesprochen, auch wenn der Nachname nicht genannt wird. Als formelle Anrede gilt demnach, auch ohne Namensnennung: Bonjour Madame – Monsieur.

Die förmliche Begrüßung erfolgt per Handschlag. Ein Wangenkuss zur Begrüßung Mann-Frau ist üblich. Nicht direkt zum Geschäftlichen übergehen. Üben Sie ausgiebig Smalltalk und zeigen echtes Interesse am Gegenüber.

Bleiben Sie in Gesprächen diplomatisch. Verpacken Sie Unangenehmes sprachlich gut und nutzen teilweise eine indirekte Kommunikation.

Übrigens: Beim nahen Vorbeigehen an anderen ‚Pardon' sagen.

Großbritannien

Obwohl der Brite manchmal als unnahbar, ja als arrogant, bezeichnet wird, zeigt er sich oft durch einen feinen, den sogenannten britischen Humor, aus. Dieser Humor macht auch vor der eigenen Person nicht Halt und ist deswegen für uns nicht immer leicht verständlich beziehungsweise als solcher zu erkennen.

Das Understatement, frei übersetzt mit ‚Tiefstapeln', gilt als alte britische Eigenschaft. Aufdringlich wirkende oder mit Status protzende Geschäftspartner sind deshalb weniger willkommen.

Die Briten sind weniger direkt als die Deutschsprechenden. Sie sind sensibel in ihrer Rhetorik und verstehen es glänzend, mit Nuancen zu spielen. Ein hartes ‚Nein' wird eher selten zu hören sein. Deshalb gelten Satzanfänge auch mit „We want …" als sehr unhöflich.

Öffentliches Bloßstellen gilt als niveaulos. Geben Sie weniger häufig die Hand als in Deutschland! Die Körpersprache wird sowieso dezenter eingesetzt.

Halten Sie genügend Visitenkarten bereit. Es ist wichtig, diese unverzüglich auszutauschen.

Bei Präsentationen werden Unterbrechungen und Rückfragen geradezu erwartet („May I but in?"). Dies sollte auch dann geschehen, wenn es Mühe bereitet. Andernfalls kann es als Beleidigung ausgelegt werden.

Immer höflich bleiben „Please, …", keine Entscheidungen nötigen und vor allem auch nicht mit verschränkten Armen stehen oder sitzen. Häufig benutzte Formulierungen sind: „I am not quite sure, but …" oder „I might be wrong, but …"

Eine eher distanziert wirkende Kontaktaufnahme ist willkommen. Warten Sie auf die Initiative Ihres Gesprächspartners, bis Sie direkt mit Vornamen angesprochen werden.

Bis dahin verwenden Sie – wie bei uns üblich – die Anrede mit dem Nachnamen. Im Geschäftsleben ist die Verwendung akademischer Titel oft weniger wichtig.

Vorsicht bei Krawattenmustern, die fälschlich eine Clubzugehörigkeit suggerieren könnten. Allerdings kleiden Sie sich auch nicht ohne Krawatte. Der blaue Blazer mit Goldknöpfen passt im deutschsprachigen Raum zum Business-Outfit, wird in Großbritannien eher zum Business Casual gezählt.

Lederschuhe müssen poliert sein. Rahmengenähte Modelle sind ein Muss. Damen tragen immer Strümpfe. Slipper sind nicht ‚salonfähig'.

Der Brite spricht gerne über Arbeit, Hobbys, Kunst, Film, Urlaub. Geht es gar nicht mehr anders, auch über das Wetter.

Zu den Tabuthemen gehören neben Geld: Religion, Sexualität, Tod und Krankheiten.

Auch mag es der Brite nicht, wenn Sie über die Königsfamilie reden – und schon gar nicht, wenn Sie kritische Anmerkungen diesbezüglich äußern. Ebenso unerwünscht sind Themen zu Nordirland.

Übrigens: Meinen Sie die Bewohner von Großbritannien sagen Sie ‚Briten' statt ‚Engländer'. England ist lediglich ein Landesteil Großbritanniens, so wie Schottland, Wales und Nordirland.

Indien

Die meisten Menschen denken bei Indien oft sofort an heilige Kühe, an Hinduismus, an Waschungen im Ganges. Etwa jeder siebte Mensch auf dieser Erde ist ein Inder! Schon heute arbeiten viele deutsche Unternehmen mit Indien zusammen, sei es als IT-Supporter oder Lieferant von Kleidung und anderen Produkten.

Im Gegensatz zu Chinesen gelten Inder als nicht ganz so zuverlässig in Absprachen.

Inder treten mitunter sehr laut auf; sie reden sehr intensiv miteinander, was manchmal etwas aufdringlich auf uns wirkt. Allerdings begegnen sie älteren Personen ausgesprochen höflich.

Auch Fremden gegenüber wird Höflichkeit demonstriert. Sie werden begrüßt mit „Namaste oder Namaskaram", was sinngemäß heißt: „Ich grüße das göttliche Licht in deinem Herzen." Dabei werden die Handflächen aneinander gelegt, sodass die Fingerspitzen unter dem Kinn nach oben zeigen. Eine leichte Verbeugung zeigt gleichzeitig Respekt vor dem Gegenüber.

Obwohl 1949 das Kastensystem in Indien offiziell abgeschafft wurde, bleibt in der Regel jeder in der ihm von Geburt an zugeordneten Kaste.

In Indien wechselt extreme Armut mit ausgesprochenem Reichtum ab. Slums finden sich direkt neben Luxushäusern.

Die Inder nehmen das allerdings gelassen hin, da nach ihrer Überzeugung ein Mensch durch ein gutes Leben nach und nach (in einem späteren Leben) in eine höhere Kaste gelangen wird.

Gleich zu Beginn des Gesprächs wird die Visitenkarte überreicht, auf der deutlich die ausgeübte Position vermerkt ist.

Um geschäftlichen Erfolg zu erzielen, braucht es viel Geduld und Zeit. Ablehnungen werden nicht deutlich gezeigt, sondern eher rhetorisch geschickt umschrieben. So braucht es oft eine gewisse Zeit, um zum angestrebten Ziel zu gelangen.

Viel Geduld bei Verhandlungen mitbringen, Kritik und Verneinungen vermeiden.

Interessant während des Smalltalks und immer wieder zu Missverständnissen führend: Rechts-Links-Wackeln des Kopfes bedeutet in vielen Fällen „ja" – hier würde dieses Wackeln eher als „nein" angesehen.

Sandalen sind gesellschaftsfähig. Obwohl eine Anzugsjacke nicht immer nötig ist, gelten Hemd und Krawatte als Muss.

Italien

Wer liebt und besingt das Leben? Das müsste der Italiener sein. Liebe und Leidenschaft – heftige Wortgefechte und innigste Umarmung. Was kann so wichtig sein, als dass sich der Italiener lange darüber ärgern müsste? Das Leben ist wichtig. Kleinigkeiten treten in den Hintergrund. Und die Zeit?

Klingt lustig, könnte aber wahr sein: Wollen Sie bei Italienern auffallen, dann seien Sie pünktlich!

Bei Verhandlungen und anderen Gesprächen können Sie einen sehr deutlichen Einsatz von Mimik und Gestik beobachten. Die Begrüßung erfolgt mit viel Körperkontakt.

Der komplette Mensch spricht zu Ihnen! Auch wenn Sie mit dem Vornamen angeredet werden, bleiben die Gesprächspartner beim ‚Sie'. Kennen Sie sich besser, können Sie mit einer freundlich gemeinten Umarmung konfrontiert werden.

Überschwängliche Höflichkeit untereinander ist üblich. Im Smalltalk darf über (eigene) Kinder gesprochen werden.

Als Tabuthemen gelten: Mafia, 2. Weltkrieg, Vatikanpolitik. Achtung: In Italien gibt es eine Konkurrenz zwischen Nord- und Süditalien. Deshalb in dieser Richtung keinen Kommentar einbringen.

Als formelle Anrede, auch ohne Namensnennung gilt: Signora – Signore.

Auf die Qualität und Eleganz der Kleidung wird hoher Wert gelegt. Perfekte Passform und ausgesuchte, passende Details und Accessoires runden das Bild ab.

Schuhe und Gürtel sind aus dem gleichen Leder gefertigt und haben dieselbe Farbe.

Die Italiener sind sehr kinderfreundlich. Sie freuen sich, wenn Sie als Gesprächspartner Kinderfreundlichkeit zeigen.

In Italien gibt es den Begriff „La bella figura", was bedeutet, einen guten Eindruck zu hinterlassen. Wer das nicht beherrscht, macht eine „brutta figura".

Ein gepflegtes Äußeres zählt. Eine mit Überlegung und Geschmack gewählte Kleidung ist wichtig; andere achten darauf und reden auch darüber.

Freundlich sein mit seinen Mitmenschen, sich den angesagten Umgangsformen entsprechend zu verhalten ist Inbegriff der „bella figura". Das Verhalten anderer gegenüber spielt dabei eine große Rolle. Der andere wird weder blamiert noch in eine unangenehme Situation gebracht.

So gehört eine Menge Empathie und Diplomatie dazu, das zu sagen, was gesagt werden soll, ohne den anderen zu kompromittieren.

Japan

Obwohl Menschen aus hiesiger Kultur manchmal Schwierigkeiten haben, Chinesen deutlich vom Japaner zu unterscheiden, stoßen sie auf zwei verschiedene Kulturen (die sich einst auch erbittert bekriegten).

Der Japaner tritt noch viel zurückhaltender auf als der Chinese. Seine Mimik scheint oft unbewegt. Körperkontakt – und damit auch Händeschütteln – findet seltener statt.

Die Gesprächspartner bleiben auch weiter voneinander stehen als in Deutschland üblich.

Die erste Begegnung und der dabei entstehende erste Eindruck sind absolut wichtig, um geschäftlich in Verbindung zu treten. Die persönliche Beziehung und der Aufbau von Vertrauen sind vorrangig.

Die Begrüßung erfolgt mit einer leichten Verbeugung. Legen Sie aufrecht stehend die Arme an und beugen sich ca. 15 Grad nach vorne. Je tiefer Sie sich beugen, desto mehr Ehre erweisen Sie Ihrem Gegenüber.

Bei einer ersten Begegnung ist es richtig, sich sogar um ca. 30 Grad zu verbeugen.

Frauen halten die Arme nicht angelegt, sondern halten die Hände vor dem Körper übereinander (nicht verschränkt wie beim Beten!) und verbeugen sich dann.

Frauen verbeugen sich traditionell immer tiefer als Männer.

Das Schütteln der Hände wird zwar mittlerweile Ausländern gebilligt, wird aber lieber vermieden.

Dem Gesprächspartner ist daran gelegen zu wissen, welche Position der Gesprächspartner einnimmt und wie weit seine Entscheidungsbefugnis reicht.

Deshalb immer Visitenkarten austauschen! Dabei die Karten mit beiden Händen halten, mit leichter Verbeugung überreichen und genauso die Karte des Geschäftspartners entgegennehmen.

Oft ist es vorteilhaft, wenn die Visitenkarten beidseitig bedruckt sind. Auf der einen Seite in Japanisch, auf der andern in Englisch oder Deutsch.

Stecken Sie die Visitenkarte nicht unaufmerksam weg und schon gar nicht in die Gesäßtasche oder einen Geldbeutel! Aus japanischer Sicht gilt das als sehr unhöflich. Am besten in ein spezielles Visitenkartenetui geben.

Bei Verhandlungen wird zwar deutlich beobachtet, aber keine eigene Meinung eingebracht. Die japanischen Geschäftsleute schätzen Zurückhaltung und Anpassung. Meist übernimmt nur eine Person die Gesprächsführung auf der japanischen Seite. Längerer und direkter Blickkontakt kann aggressiv wirken.

Die Gesprächspartner lassen sich bei ihren Formulierungen Zeit und legen genügend Redepausen ein. So kann jeder den Ausführungen gut folgen.

Schon eine Unterbrechung, zum Beispiel eine Fragestellung während einer Präsentation, könnte verletzend sein.

Langes Schweigen nach einer Präsentation oder einem Vortrag gilt als würdigend. Intensiven Blickkontakt vermeiden.

Dunkler Anzug und Krawatte sind ein Muss. Business-Damen wählen hochgeschlossene Kleider.

Das Putzen der Nase im Beisein anderer gilt als extrem schlechtes Benehmen.

Japaner kennen die deutsche Geschichte gut, die deutsche Kultur insgesamt und im Besonderen Goethe und Beethoven.

Dem Japaner fällt es schwer bis unmöglich, „nein" zu sagen. Er wird freundlich ausgesprochene Formulierungen finden, die „nein" bedeuten. Deshalb auf feine Nuancen der Aussagen achten.

So sagt der Japaner häufig „hai", was nicht als „ja", sondern besser als „ja, ich höre zu" übersetzt werden sollte. Ein „ja" als so gemeintes Wort, wird mit bekräftigenden Wörtern verstärkt „Ja, das machen wir so."

Hören Sie „Ja, ich werde darüber nachdenken", dann ist das eine höfliche Möglichkeit „nein" zu sagen. Und: Nicht angeben, dafür sich oft entschuldigen.

Erst wenn sich die Gesprächspartner als vertrauenswürdig und verlässlich erweisen, kann eine längerfristige Beziehung aufgebaut werden.

Mittel- und Südamerika

Eine kulturelle Vielfalt zeigt sich in den Ländern Mittel- und Südamerikas. Was in vielen Ländern ähnlich ist, ist das Verständnis zum Thema Zeit. 10:00 Uhr ist noch lange nicht 10:00 Uhr. ‚Jetzt' muss auch nicht ‚jetzt' sein.

Deshalb hilft eine flexible Anpassung an Gegebenheiten, ein ausgeglichener Umgang mit dem Zeitgedanken, ein geringes Dringlichkeitsverständnis, was sich im Begriff „mañana" (= Morgen) spiegelt. Bringen Sie viel Zeit zu Verhandlungen mit.

So lässt sich auch behaupten, dass der flexible Umgang mit Regeln, Vorgaben und Gesetzen hilft, Ziele leichter zu erreichen.

Bei Verhandlungen wird oft über Privates gesprochen. Eine strikte Trennung von Privat- und Berufsleben ist eher selten.

Geredet wird unter Einsatz des kompletten Körpers. Nonverbale Kommunikation ist von starker Bedeutung. Wangenküsse sind üblich.

Körperliche Distanzen untereinander sind geringer als in Deutschland, körperliche Berührungen sind deshalb denkbar und nicht sofort als anmaßend abzutun.

Eine erfolgreiche Verhandlung setzt gute persönliche Beziehungen voraus, die erst mit der Zeit entstehen. Zur Begrüßung die Hand reichen.

Ein Mexikaner in einer Verhandlung würde wohl kaum etwas rundheraus ablehnen. Da Mexikaner hierarchiebewusst sind, möchten sie auch mit einer möglichst hochrangigen Person verhandeln.

Geduld und Hartnäckigkeit zahlen sich aus. Bei Verhandlungen Spielraum einplanen, da gerne gehandelt wird. Mündlich getroffene Vereinbarungen können sich morgen schon wieder anders anhören, weswegen eine schriftliche und vertragliche Fixierung vorteilhaft ist.

Themen zu Drogenproblemen, Militärdiktaturen, politische Herausforderungen sind zu vermeiden.

Niederlande

Oft sind Deutsche überrascht, wenn sie in den Niederlanden mit ‚Du' angesprochen werden. Es ist ohne Weiteres üblich, dass auch Fremde sich duzen und beim Vornamen nennen. Nur sehr alte Menschen oder Menschen, die Sie sehr verehren, können gesiezt werden. Wenn Sie im Geschäftsleben geduzt werden, ist das demnach in Ordnung. Duzen Sie zurück, damit Sie nicht als arrogant oder unterwürfig angesehen werden. Auf Titel bei der Vorstellung und Anrede wird gerne verzichtet.

Es kann sein, dass Ihnen als Begrüßungsschluck ein Genever gereicht wird. Das angebotene Glas sollten Sie nicht ablehnen, es wäre eine Verletzung der Gastfreundschaft.

Niederländer werden als eher sparsam bezeichnet. So gehen sie auch zurückhaltend mit Statussymbolen um. Bescheidenes aber selbstbewusstes Auftreten ist erwünscht. Pünktlichkeit und flottes, zielorientiertes Verhandeln sind willkommen.

PS: Holland ist nicht gleich Niederlande. Auch wenn der Deutsche gerne vom Holländer spricht – so meint er doch meist die Niederländer. Holland ist eine Provinz innerhalb der Niederlande.

Hinweis: Verwechseln Sie die Belgier nicht mit den Niederländern, auch wenn etwa die Hälfte der Belgier so wie ihre Nachbarn sprechen. So gibt es zum Beispiel einen ganz deutlichen Unterschied bei einer Einladung zum gemeinsamen Mittagessen: In den Niederlanden erwartet Sie ein Brötchen und Milch (‚karnemelk'), in Belgien hingegen ein üppiges Essen.

Deutliche, gestenreiche und stark bildhafte Ausdrucksformen sind nicht gerne gesehen. Die Niederländer zeigen sich freundlich, aber trotzdem geht es eher sachlich zu.

Vermeiden Sie, sich mit Titel vorzustellen. Oft werden Verhandlungen in englischer Sprache geführt. Im Smalltalk gelten als Tabuthemen: 2. Weltkrieg, Beleidigung des Königshauses.

Norwegen

In Skandinavien wird Pünktlichkeit ähnlich wie in Deutschland erwartet. Eine der wichtigsten Regeln: Frauen sind absolut gleichberechtigt. Und zwar nicht nur auf dem Papier!

Wenn der Norweger es mit der Pünktlichkeit nicht so genau nimmt wie der Deutsche, gilt dieses Verhaltensmuster umgekehrt nicht zwangsläufig. Mittags wird selten großartig gegessen.

Beim ersten Treffen erfolgt die Begrüßung mit Handreichung. Kennen Sie einander besser, ist eine Umarmung – auch bei der Verabschiedung – möglich. Allerdings ist ein Wangenkuss eher unbekannt.

Obwohl die erste Vorstellung noch mit in Deutschland vergleichbaren Regeln verläuft, wird weniger Wert auf Titel gelegt.

Im Laufe der Zeit ist es üblich, sich mit Vornamen anzusprechen. Warten Sie, bis Ihr Geschäftspartner Sie so anredet, um es ihm gleich zu tun.

Österreich

Vieles ist ähnlich im Vergleich zu Deutschland. Im Umgang mit Titeln haben die Österreicher allerdings eine deutlich andere Einstellung als die Deutschen. Nicht nur in den bekannten Wiener Hotels kann der ‚einfache' Gast mit ‚Herr Doktor' angesprochen werden. Also: Je mehr Titel, desto besser.

Hier begegnen Fremde immer wieder dem berühmten ‚Wiener Scharm'. Bestellen Sie in einem österreichischen Kaffeehaus ein Kaffeegetränk, wird Ihnen ein Glas Wasser dazugegeben. Hin und wieder wird das Glas ausgetauscht, egal ob Sie vom Wasser getrunken haben oder nicht. Dieses Glas signalisiert Ihnen, dass Sie willkommen sind. Es ist durchaus üblich, auch längere Zeit, zum Beispiel Zeitung lesend, im Kaffeehaus zu verbringen.

Russland

Russen (Achtung, nicht verwechseln mit und benennen als Sowjetrussen!) sind sehr gastfreundlich.

In russischen Anreden werden keine akademischen Titel oder andere Rangbezeichnung verwendet. Russen reden sich untereinander mit dem Vornamen und ‚Du' an. Als Geschäftspartner werden Sie ohne weiteres mit Ihrem Nachnamen und mit ‚Sie' angesprochen. Protzen gilt eher als unhöflich.

Pünktlichkeit wird erwartet. Bei der ersten Begegnung werden die Hände geschüttelt. Wird die geschäftliche Beziehung intensiver, kann es zu Umarmungen kommen.

Bei sehr langer Beziehung und entstandener Freundschaft kann gegebenenfalls auch der sogenannte Bruderkuss ausgetauscht werden.

Der Ältere reicht dem Jüngeren die Hand zum Gruß, ebenso, wie die Dame dem Herrn die Hand zuerst reicht. Umgekehrtes Verhalten ist nicht schicklich. Frauen werden sehr galant behandelt.

Das berufliche Outfit ist eher formell, so wie in Deutschland. Es lässt sich als konservativ bezeichnen.

Sobald die russischen Geschäftspartner erkannt haben, dass dem Gegenüber vertraut werden kann, baut sich eine Art Freundschaft auf. Diese Freundschaft ist ausschlaggebend für gute Geschäftsbeziehungen.

Je intensiver die Freundschaft, desto seriöser die Geschäftsbeziehung. Das bedeutet, dass nicht befürchtet werden muss, übervorteilt zu werden.

Zeigen Sie beim Smalltalk kein besserwisserisches Verhalten.

Viele Trinksprüche werden ausgesprochen und jedes Mal wird dazu viel getrunken (auch Alkoholisches!).

Spanien

Zur Strategie der Spanier gehört es, einen guten Eindruck zu machen.

Spanier gehen Konfrontationen aus dem Weg und vermeiden das Wort „nein". Der Spanier ist kreativ. Er verlässt sich auf sein Improvisationstalent und bereitet eine Verhandlung nicht unbedingt detailliert vor. Dies geht möglicherweise mit veränderten Entscheidungen, improvisierten Lösungen, Fantasie und Flexibilität einher.

Wer mit einem Spanier verhandeln will, muss sein Vertrauen gewinnen. Sonst kommt es zu keinem Abschluss, selbst wenn das Geschäft für den Spanier vorteilhaft wäre. Spanier scheinen misstrauisch zu sein.

Ein Spanier hält sich nicht zwangsläufig an die Tagungsordnung und nicht an alles Besprochene. Er verhandelt eher emotional. Er geht schnell von „Sie" auf „Du" über.

Wer bis zu 15 Minuten zu spät kommt, ist noch pünktlich – der deutsche Gesprächspartner hingegen wird zeitgenau erwartet. Termine zur Mittagszeit und direkt danach vermeiden. Das hat mit der in Spanien hin und wieder ausgeübten Siesta zu tun.

Die Begrüßung erfolgt mit Handschlag und Augenkontakt. Fremde werden mit Titel und Namen angesprochen. Ein gepflegtes Erscheinungsbild wird erwartet.

Im Gespräch wird sehr viel Smalltalk erwartet; auch private Themen dürfen angesprochen werden. Aber weder das Land, die Religion oder die Politik thematisieren. Ein Meinungsaustausch zum Thema ‚Stierkampf' gilt als tabu.

Während der Verhandlung spielt der Kontext, in dem etwas gesagt wird, eine große Rolle. Ein banal erscheinender Kommentar kann wichtige Informationen liefern, die für die Entscheidungsfindung von Bedeutung sind.

Südafrika

Durch das Ende der Apartheid (1994) hat sich einiges in Südafrika gewandelt: Menschen, egal welcher Herkunft und Hautfarbe, welcher Religion oder welchen Geschlechts werden gleichberechtigt behandelt. Die Geschäftsfrau ist genauso angesehen wie der Geschäftsmann.

Pünktlichkeit zählt, auch wenn der Südafrikaner selbst eine flexiblere Zeiteinteilung haben kann.

Zur Begrüßung und Verabschiedung wird ein Händedruck ausgetauscht. Visitenkarten werden nach der Vorstellung ausgetauscht.

Vor Geschäftsbeginn gibt es den Smalltalk. Bei Präsentationen und Reden wird eine lockere, entspannte und mit etwas Humor gewürzte Vorgehensweise geschätzt.

Zu Geschäftstreffen trägt der Herr Anzug und Krawatte, die Dame ein Kostüm oder Vergleichbares. Dabei werden dunkle Farben wie blau und grau bevorzugt. Schwarze Strümpfe und Schuhe gehören dazu.

Die eigene Vorstellung erfolgt mit Vor- und Nachnamen. Den Gesprächspartner mit Nachnamen anreden. Der Gesprächspartner wird wahrscheinlich nach einer Weile den Vornamen anbieten, mit dem sich dann weiterhin gegenseitig angesprochen wird.

Weniger Wert wird auf Titel, Status und Formalitäten gelegt. Eine klare, zielorientierte Vorgehensweise wird bevorzugt. Harmonisch, aber trotzdem direkt, wird in englischer Geschäftssprache verhandelt. Auf den Einsatz von Körpersprache wird geachtet, Augenkontakt ist wichtig.

Pünktlich sein und Geduld mitbringen, gilt als korrekt. Im Smalltalk darf nach Wohlergehen und Familie gefragt werden. Gesprächspartner immer aussprechen lassen.

Teamentscheidungen haben Vorrang vor Einzelentscheidungen, sodass manchmal nicht direkt eine Entscheidung getroffen werden kann.

Südafrikaner sind stolz auf ihr Land; politische Themen aber nicht ansprechen.

Ungarn

„Csókolom" (Küss die Hand), so wird gelegentlich die Dame von galanten Ungarn begrüßt.

Umgangsformen genießen hohen Wert, weshalb auch mit Kritik eher vorsichtig umgegangen wird. Termine werden eingehalten; Pünktlichkeit ist eine Selbstverständlichkeit.

Im Geschäftsleben ist die Frau gleichberechtigt. Zur Begrüßung ist Händedruck üblich.

Der Geschäftspartner wird als ‚Mensch' gesehen, weshalb der persönliche Kontakt entsprechend wertvoll ist. Gespräche können lange dauern und werden gerne auch in Form von ausgesprochenen Einladungen fortgesetzt.

USA

Wer schon einmal in den Staaten war, wird gemerkt haben, dass dieses Land unendlich groß zu sein scheint. Hauptstraßen mit sieben Fahrbahnen in Kleinstädten sind keine Ausnahmen. Diese Größe und Weite wirkt offensichtlich auch auf den Durchschnittsamerikaner. Das US-amerikanische Leben ist durch die Großzügigkeit dieses Lebensraums geprägt.

Es zeigt einen Lebensstil, der manchmal noch das Erbe der Pionierzeit erkennen lässt. In großen Städten gleicht das Verhalten allerdings dem in europäischen Städten.

Auch wenn es auf uns Europäer manchmal aufgesetzt wirkt, erscheinen uns sehr viele US-Amerikaner in ihrem Auftreten sehr hilfsbereit und freundlich.

In ländlichen Gegenden scheint es das Wort Stress fast nicht zu geben. Trotz strenger Regeln überzeugt die scheinbare Unkompliziertheit des amerikanischen Lebensstils.

Weiterhin gilt für viele Nordamerikaner, also auch für die Kanadier, ein starkes Empfinden für Gleichberechtigung.

Übrigens: Die Benennung ‚Amerikaner' bezieht sich nicht nur auf den US-Amerikaner und kann deswegen manchmal bei Nachbarkulturen irritierend bis beleidigend wirken. Der Mexikaner sieht sich ebenso als Amerikaner. So empfiehlt es sich, die Variante US-Amerikaner zu verwenden, wenn über die Bewohner der USA gesprochen wird. Und: Der Kanadier möchte nicht mit dem US-Amerikaner gleichgesetzt werden.

„How do you do?" wird mit derselben Floskel „How do you do?" beantwortet. „How are you?" – hier kann das Befinden geäußert werden, wobei allerdings immer eine positive Rückmeldung erwartet wird.

„Where are you from?" Die Frage nach dem Herkunftsort ist eine der zuerst gestellten. Häufig wird offenbar, dass ein Vorfahre aus einem europäischen Land stammt, womit schon eine Verknüpfung hergestellt wird.

Der berufstätige US-Amerikaner spricht gerne über seine Firma und wie lange er schon für diese Firma tätig ist. Er redet auch gerne über sich selbst und seine Hobbys.

Persönliche Themen sind im Smalltalk gern gehört. Aber Achtung, wenn der Satz fällt: „That sounds interesting!", so ist dies ein Warnsignal, unbedingt das Gesprächsthema zu wechseln. Es wird langweilig ...

Am besten nicht über Politik sprechen. Auch wenn der Gesprächspartner sich hierzu auslässt. Themen wie Drogen, Krankheit sind für den Smalltalk ungeeignet.

Zu weiteren Tabuthemen zählen: Politik, Alkohol, Religion, Rassismus, Religion/Kirche, Sexualität, Kriege im Irak und in Vietnam. Auch keine zweideutigen Bemerkungen, Doppeldeutigkeiten, anzügliche Witze verwenden. Das kommt oft überhaupt nicht gut an.

Zu guter Letzt: Über den Präsidenten nicht beleidigend oder abfällig sprechen!

Wörter wie ‚bitte' und ‚danke' lieber häufiger als gewohnt einsetzen.

Es ist relativ leicht, mit US-Amerikanern ins Gespräch zu kommen.

Zuerst gilt bei Herren die allgemeine Anrede Mister X, bei Frauen Miss (unverheiratet), besser Ms. (unverheiratet oder verheiratet) oder Mrs. X (verheiratet). Aber schon nach ganz kurzer Zeit ist es üblich, sich beim Vornamen anzusprechen. Es gilt als korrekt, sich mit dem eigenen Namen vorzustellen und so auch weiter vorgestellt zu werden.

Es ist gar nichts Schlimmes, wenn Sie mit „hello love", „hi folks" oder „hello darling" angesprochen werden.

Im beruflichen Umfeld sieht es anfangs etwas anders aus. Zuerst erfolgt die Vorstellung mit Vor- und Nachnamen. Verläuft das Gespräch harmonisch, wird das Gegenüber schon bald mit Vornamen angesprochen.

Es wird dann auch erwartet, selbst mit Vornamen angesprochen zu werden. In geschäftlichen Belangen gilt Pünktlichkeit. Zu Geschäftstreffen trägt der Herr üblicherweise einen Anzug und Krawatte, die Dame ein Kostüm oder Vergleichbares. Karierte Sakkos gelten als unschick. Das Tragen einer Krawatte wird fast immer erwartet.

Für Damen gilt: Röcke bis zum Knie. Absätze nicht zu hoch, die Zehen sollen nicht sichtbar sein. Die Beine sind rasiert beziehungsweise frei von Haaren.

Es wird sich deutlich weniger die Hand gereicht als bei uns. Beim ersten Treffen ist das noch angesagt, bei den folgenden eher selten.

Beim Begrüßen nicht vergessen danach zu fragen, wie es dem anderen geht. Eine ehrliche Antwort wird sowieso kaum erwartet.

Bei der Verabschiedung sagen, dass es sehr angenehm war, mit dem anderen gesprochen zu haben. Aussagen wie: „Es war schön," heißt übersetzt, dass es eben nicht schön war. Es muss mindestens hervorragend, ausgezeichnet, fantastisch gewesen sein. Superlative sind gebräuchlich.

Distanz-Zonen einhalten (vor allem zum anderen Geschlecht). Achtung: Bei aller scheinbaren Toleranz und Offenheit in den USA darf ein Mann eine fremde Frau nicht berühren, da diese sich sofort sexuell belästigt fühlen könnte. Das gilt auch für einen zu intensiven Blick auf die Kleidung der Frau.

Immer wieder ist festzustellen, dass sehr höflich, hilfsbereit und auch sehr rücksichtsvoll miteinander umgegangen wird.

Für den Deutschen kann es schon mal übertrieben klingen, das ewige „sorry" zu hören. Mit einem Lächeln im Gesicht wird das „sorry" geäußert, ohne dass sich Großes ändern würde.

Kritikern erscheint diese Art oberflächlich, andererseits wirkt diese Vorgehensweise weniger konfliktanfällig.

Schritt 6 – Flirttalk und Komplimente

Prickelnde Atmosphäre aufbauen

Begehrlichkeit wecken

Der Flirt ist ein Spiel, bei dem man nicht weiß,
ob man noch in der Qualifikation ist oder schon im Finale.
Ernst Stankovski, österr. Schauspieler
(*1928)

Die eigene Persönlichkeit ins Spiel bringen – Ein wenig flirten

Bei den bisherigen Betrachtungen zum Smalltalk war der Fokus aufs Geschäftliche und aufs Gesellschaftliche gerichtet.

Nun wird sich einem eher privaten Bereich gewidmet.

So soll alles angefangen haben

Die (selbstverständlich) schöne und (natürlich) überaus hübsche Tochter Fleurette de Nérac des Landschaftsgärtners in ebendiesem Schloss Nérac, hatte sich – wie das Leben so spielt – in den verheirateten späteren König Heinrich IV. (1553 – 1610) von Frankreich verliebt.

Tatsächlich wurde sie angeblich von 1571 bis 1572 die Maîtresse von Heinrich. Über ein Jahr lang ging das wunderbar für beide.

Nur, eines Nachts, zwanzig Jahre später im Jahre 1592, versetzte der 1572 zum König gekrönte Heinrich (Henri le Grand) die ungeduldige Fleurette. Fleurette wartete begierig eine ganze Nacht – vergeblich. Wie das damals so üblich war – damit eine gute Legende daraus wurde – warf sie sich tränenüberströmt in den Fluss Braïs, um so (tragisch aber erfolgreich) ihr Leben zu beenden.

Daher ergab sich die Wortkombination ‚conter fleurette' (deutsch etwa: ‚Süßholz raspeln'), englisch ‚to flirt' und deutsch ‚flirten'.

Welch traurige Geschichte für solch einen prickelnden Vorgang des Flirtens.

Flirt und Komplimente

Im Folgenden geht es über den oberflächlichen, kurzzeitigen Kontakt hinaus in das Zwischenmenschliche. Das bedeutet, dass Sie ein gewisses <u>persönliches</u> Interesse an Ihrem Gegenüber haben.

Was schreibt der Duden dazu? Flirt, der; - [e]s, -s (harmloses, kokettes Spiel mit der Liebe). Aha. Dazu grenzt er ab: das Kompliment (lobende, schmeichelnde Äußerung).

In der ersten Bezeichnung kommt also deutlich die Liebe ins Spiel.

Ein Blick zurück: Anfang des Jahres 2013 geriet ein bekannter deutscher ehemaliger Minister (Rainer Brüderle, *1945) ins Kreuzfeuer, da er ein Jahr zuvor einer Journalistin eines deutschen Wochenmagazins gegenüber – auf den Busen schauend – einen später sogenannten Herrenwitz (üblicherweise ein derber, frivoler unter Männern ausgetauschter Witz) äußerte („Sie können ein Dirndl auch ausfüllen.").

Die Journalistin, die diesen Artikel erst etwa ein Jahr nach dem beschriebenen Vorfall im erwähnten Magazin abdrucken ließ, löste damit hitzige Sexismus-Debatten aus. In fast jeder Talkshow, die etwas auf sich hielt, in fast jedem relevanten Online- und Printmedium wurde ausführlich diskutiert, ob die getätigte Aussage als frauenfeindlich zu bezeichnet sei. Oder galt sie als Flirt, eventuell als Kompliment?

Der deutsche Kunsthistoriker Professor Dr. Rainer Stollmann (Spiegel 2/2013) versteht unter einem Herrenwitz einen derben, obszönen Witz, auch Zote genannt, der gegenüber Frauen geäußert wird. Seiner Meinung nach ist die Zote eine zivilisierte Kulturform der sexuellen Gewalt. Er meint, dass zum Herrenwitz immer eine Aggression gegen Frauen gehöre.

Der Spiegel Nr. 5 vom 28.1.2013 schreibt in einem Artikel über den Umgang zwischen Politikern und Journalistinnen: „Ein kleiner Flirt ist die einfachste Weise, über das professionelle Gespräch hinaus eine Beziehung aufzubauen – für Journalistinnen wie Politiker. Ein charmantes Kompliment, ein intensiver Blick – und schon läuft das Gespräch viel netter und entspannter."

Und weiter: „Jeder [Politiker], der sich auf mehr als einen Flirt einlässt, muss befürchten, das eines Tages fettgedruckt zu lesen. Mit erheblichem Kollateralschaden für die Karriere."

So einfach wäre also die Abgrenzung zwischen Kompliment und Flirt nicht zu ziehen. Umso wichtiger für diesen Ratgeber, sich mit diesem Thema ausführlicher zu beschäftigen.

Interkultureller Flirt

Wenn es schon in der hiesigen, eigenen Kultur so schwierig werden kann, ist es nachvollziehbar, dass im interkulturellen Austausch das Flirten brisant werden kann.

So darf sich mancher Mann als sehr mutig bezeichnen, wenn er eine attraktive Italienerin, die in Begleitung ihres Bruders, Freundes oder Mannes unterwegs ist, einen Augenblick zu lange anschaut oder ihr nachblickt.

Die männliche Begleitung kann das schnell als ‚Anmache' empfinden, um sich dann schützend vor die Angeschaute zu stellen.

Schritt 6 – Flirttalk und Komplimente

Nicht immer bleibt es bei Schimpfkanonaden des Beschützers oder gar bei Bedrohungen gegen den oben erwähnten mutigen Mann. Also: Vorsicht!

Noch ein zweites Beispiel, das sich auf die Vereinigten Staaten von Amerika bezieht. Obwohl es dort sehr freundlich kommunikativ und ausgesprochen harmonisch zugehen kann, sollte der Mann tunlichst vermeiden, eine andere Frau mit bewundernden Blicken anzuschauen oder gar direkt zu berühren! Die sexuelle Belästigung steht sofort im Raum!

Gut, kehren wir wieder zurück zu unseren Kultur-Gepflogenheiten.

Harmloser Flirt?

Es gibt zahlreiche Situationen, in denen ein kurzer, harmloser Flirt angebracht scheint. Sei es bei der netten Verkäuferin, dem smarten Kellner oder der freundlich lächelnden Dame hinter dem Ticket-Schalter.

Ein paar Momente harmlosen glücklichen Zusammenseins. Dieser ungefährliche Flirt erzeugt ein Lächeln, ein paar Augenblicke positiver Gefühlsempfindungen – aber nicht mehr.

Die Betreffenden stehen in der Regel nicht in beruflicher Zusammenarbeit; es entwickelt sich keinerlei weitere Konsequenz aus diesem kurzen Flirt. Er entsteht aus dem Moment heraus.

Machen Sie deutlich, ob es sich bei Ihrem Verhalten noch um einen harmlosen Flirt handelt oder ob daraus – vielleicht nur verdeckt – schon ein ernst gemeinter Flirt werden könnte.

Der ernst gemeinte Flirt

Im Unterschied zum harmlosen Flirt gibt es den ernst gemeinten Flirt.

Dieser hat ein deutliches Ziel und ist manchmal spontan, oft aber geplant. Jetzt ist es so, dass Sie von dem anderen etwas <u>wollen</u>. Nämlich das Zusammensein mit dem ausgesuchten Flirtpartner.

Verwechseln Sie einen feinen, feinsinnigen Flirt nicht mit einer dreisten Anmache. Der Flirt ist deutlich eleganter und zeigt Umgangsformen und Stil.

Außerdem schwingt beim Flirt ein gewisser erotischer Unterton mit. Eine sexuelle Spannung entwickelt sich – oder sollte sich entwickeln. Allerdings muss der erfolgreiche Flirt nicht zwangsläufig (direkt) im Bett enden.

Wobei es bei manchem Flirt häufig das zu erreichende oder zu erhoffende Ziel ist.

Was andere so über den Flirt denken

Hier werden einige Zitate aufgelistet, die kluge Köpfe zum Thema Flirt in die Welt setzten. Hier folgen Überlegungen einiger Schauspielerinnen.

- Die Einladung zum Flirt wird mit den Augen geschrieben.
  Jeanne Moreau, frz. Schauspielerin (1928 – 2017)

- Flirt ist das Training mit dem Unrichtigen für den Richtigen. Senta Berger, österr. Schauspielerin (*1941)

- Der Pullover einer Frau sitzt richtig, wenn die Männer nicht mehr atmen können. Zsa Zsa Gabor, US-amer.-ungar. Schauspielerin (1917 – 2016)

- Beim Flirten kommt es darauf an, eher die Notbremse zu ziehen als die Konsequenzen. Demi Moore, US-amer. Schauspielerin (*1962)

- Flirtende Ehemänner am Strand sind keine Gefahr, denn sie schaffen es nicht lange, den Bauch einzuziehen. Heidi Kabel, dt. Volksschauspielerin (1914 – 2010)

Und was meinen die Männer dazu?

- Amors Streifschüsse nennt man Flirt. Georg Thomalla, dt. Schauspieler (1915 – 1999)

- Der Flirt ist das Aquarell der Liebe. Paul Bourget, frz. Schriftsteller (1852 – 1935)

- Der Flirt ist ein Spiel, bei dem man nicht weiß, ob man noch in der Qualifikation ist oder schon im Finale. Ernst Stankovski, österr. Schauspieler (*1928)

- Der Flirt ist der Trockenkurs der Liebe. Karl Farkas, österr. Schauspieler (1893 – 1971)

- Bei einem Flirt erprobt die Frau ihre Unwiderstehlichkeit. Der Mann aber sollte seine Widerstandskraft testen.
  Aristoteles Savalas (Telly), US-am. Schauspieler (1922 – 1994)

- Flirt ist die Kunst, mit einem blauen Auge davonzukommen, wenn man mit zwei blauen Augen zusammen gewesen ist. Wolf Albach-Retty, österr. Schauspieler (1906 – 1967)

- Ein Flirt ohne tiefere Absicht ist ungefähr so sinnvoll wie ein Fahrplan ohne Eisenbahn. Marcello Mastroianni, it. Schauspieler (1924 – 1996)

- Flirten ist etwas, wozu Frauen immer bereit sind, solange andere Frauen zuschauen. Oscar Wilde, ir. Lyriker (1854 – 1900)

- Eine Zigarette ist wie ein rascher Flirt, eine Zigarre wie eine anspruchsvolle Geliebte, die Pfeife aber ist wie eine Ehefrau. Michael Ende, dt. Schriftsteller (1929 – 1995)

Erotische Spannung aufbauen

Bauen Sie einen positiven Einstieg zum Flirt auf. Lassen Sie den Funken überspringen. Warten Sie ja nicht, bis andere Ihnen zuvorkommen.

Nehmen Sie Blickkontakt mit dem gewünschten Gesprächspartner (oder besser: Ihrem Flirtpartner) auf, lächeln Sie und begeben sich direkt auf die Person zu.

Die beim Smalltalk üblichen Vorgehensweisen zählen natürlich auch beim Flirt. Hier sind die Themen weniger berufsorientiert, denn Sie wollen sich ja <u>privat</u> kennenlernen.

Das heißt, dass sehr gut über Essen, Kultur und Urlaub gesprochen werden kann.

Ganz wichtig beim klassischen Flirt-Smalltalk: Die gegenseitige Sympathie muss deutlich werden, da ja die beschriebene erotische Komponente mitschwingt. Von beiden Seiten muss sich Interesse aufbauen, um das oben genannte Ziel zu erreichen.

Eine positive und entspannte Atmosphäre schaffen

Schauen Sie, dass Sie sich in einer entspannten räumlichen Atmosphäre befinden. Lärmquellen, Enge, Unruhe verlangen eine größere Herausforderung, um zum gewünschten Erfolg zu kommen.

Auch soll eine angstfreie, positive Atmosphäre herrschen. Unter Druck und körperlicher wie seelischer Anspannung bleibt der Erfolg in weiter Ferne.

Strahlen Sie eine positive, sympathische Lebenseinstellung aus. In der eigenen Ausstrahlung wie auch in Ihrer Wortwahl.

Sollten Sie nicht in passender Stimmung sein, sich unwohl fühlen, krank sein – lassen Sie es lieber sein. Wer mag sich schon privat mit kränkelnden, schwächelnden Menschen einlassen?

Treten Sie überzeugend, begehrenswert, positiv eingestellt auf. Demonstrieren Sie, dass es sich lohnt, auf den Flirt mit Ihnen einzugehen. Zeigen Sie, dass Sie ein Gewinner sind, ohne arrogant zu wirken.

Beim Flirten treten Sie nicht als Bittsteller auf. Sie selbst sind es, den es zu begehren gilt! Zu viel erwartet?

Achten Sie auch auf Ihre Wortwahl. Negative Wortbezeichnungen sind fehl am Platz. Vermeiden Sie Wörter wie: keine, nicht, niemals, Probleme, Schwierigkeiten, Pech, Konflikte, Krach und ähnliche.

Probleme überlassen Sie anderen! Daraus folgt, dass auch Ihre Erfahrungen oder Erlebnisse so weit wie möglich positiv dargestellt werden:

- „Toller Urlaub, spannender Film, abwechslungsreiches Angebot, ...“

Menschen bevorzugen es, mit erfolgreichen Menschen umzugehen und nicht mit solchen, die nur Probleme nach sich ziehen.

Unglückliche Formulierung:

- „Ich hatte ein Problem."

Besser:

- „Ich konnte folgende Herausforderung meistern."

Sprechen Sie Ihre/n potentielle/n Flirtpartner/in möglichst idealer Weise direkt von vorne an.

Als Gewinner darstellen

Zeigen Sie sich als Gewinner, als erfolgreich. Übertreiben Sie aber nicht, denn Menschen haben auch Fehler und Schwächen – und Sie sind ein Mensch!

Zeigen Sie sich in Ihrer Körpersprache aufgeschlossen, interessiert und ansprechend. Suchen Sie immer wieder Blickkontakt, dann aber auch wieder mal ein kurzes, demütiges, unschuldiges, nach unten Schauen. Strahlen Sie, zeigen Sie darüber Freude, dass Sie Ihren Flirtpartner gefunden haben.

Aufpassen: Sie überzeugen nicht, wenn Sie Ihre zahlreichen erfolglosen Flirtversuche schildern, noch wenn Sie durchblicken lassen: „Es ist mir ein Leichtes, jeden Tag eine neue Frau für mich zu gewinnen!" Themen wie ‚eigene Kinder' oder ‚Frau/Mann zu Hause' blockieren eher den Weg zum Ziel.

Flirt-Sprüche

Vielleicht klingen Flirt-Sprüche ganz lustig („Hat es sehr wehgetan, als Sie vom Himmel auf die Erde fielen?"), aber ob sie ‚wirklich' wirken? „Es wäre mir wirklich eine außerordentliche Ehre, Sie heute Abend zu mir nach Hause tragen zu dürfen." Na gut.

Eine individuelle und ehrliche(re) Ansprache ist ehrlich(er) und damit meist erfolgreicher.

Styling

Die meisten Flirtenden finden es als ansprechend, wenn das Gegenüber schick, adrett, geschmackvoll gekleidet ist. Eine typgerechte Frisur, saubere Hände und Fingernägel, gepflegte, moderne Schuhe gehören dazu. Aber nicht zu aufgebretzelt, liebe Damen!

Körperliche Hygiene, passendes Make-Up, ein die Persönlichkeit unterstreichendes Parfüm, erhöhen die Anziehungskraft.

Übrigens: Ein Drei-Tage-Bart ist nicht vergleichbar mit unrasierter Gesichtsfläche!

Lassen Sie Ihr Mobil-Phone eingesteckt, Ihr ausgewähltes Flirtobjekt ist jetzt wichtiger als eine Nachricht via Facebook und Co.

Strahlende Zähne und Augen ergänzen das überzeugende Bild.

Ihre Kleidung passt zu Ihnen und zum Anlass. Sie fühlen sich wohl in Ihrem Outfit. Ihr Styling ist perfekt.

Schmeicheleinheiten

Schmeicheln Sie Ihrem Gegenüber, ohne es allerdings extrem zu übertreiben. Ein bisschen Schönfärberei ist in Ordnung.

Suchen Sie das Positive beim Flirtpartner beziehungsweise das, was Sie anspricht. Dann werden Sie schon eine Menge Dinge finden, die Sie erwähnen können, angefangen beim eleganten Schmuck, bei der passenden Farbgebung der Kleidung usw.

Zeigen Sie sich charmant und überzeugend, ohne arrogant und egoistisch zu wirken. Bringen Sie Informationen von Ihrem Gegenüber in Erfahrung, aber fragen Sie nicht aus.

Ihr Gegenüber soll ja auch einiges von Ihnen erfahren. Also geben Sie ihm die Möglichkeit hierzu. Werfen Sie hin und wieder einiges über Ihr eigenes Verhalten ein wie:

- „Ich finde es toll, wenn ...“

- „Sehr gern mag ich ...“

- „Besonders reizt mich ...“

Zeigen Sie mit solchen Aussagen, dass Sie ein ‚Mensch‘ mit eigenen Ansichten sind. Wecken Sie dadurch Neugierde – aber verfallen Sie nicht in Monologe. Entdecken Sie Gemeinsamkeiten.

Legen Sie auch mal bewusst Pausen ein. Übrigens: Eine tiefe, ruhige Stimme wirkt auf viele überzeugender als eine schnelle, schrille Sprechweise.

Körpersprache beim Flirt

Verspüren und merken Sie nun ein Kribbeln im Bauch, dass Sie sich ‚Hals über Kopf' über ‚beide Ohren verlieben' könnten, setzen Sie Ihre Körpersprache trickreich ein.

Das gegenseitige Spiegeln ist beim Flirt äußerst vorteilhaft. Schnell werden Sie merken, dass sich Ihr/e Flirt-Partner/in körpersprachlich spiegelt.

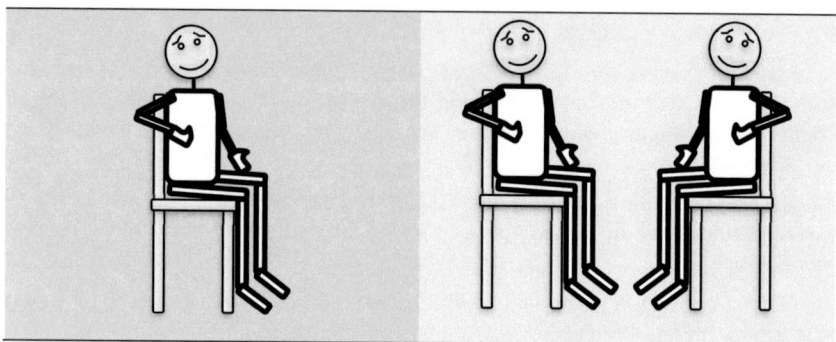

Fühlen sich Menschen locker und ungestresst, setzen sie sich bequemer. Da keine Gefahr droht, können sie eine Körperhaltung einnehmen, die lässiger wird.

Bei möglicher Gefahr würde sich der Mensch nicht so setzen. Er wäre immer auf der Hut, schnell das ‚Weite suchen zu können'.

Beim Sitzen können Sie ein Bein überschlagen. Überschlägt der Mensch ein Bein locker über das andere, fühlt er sich offensichtlich wohl. Die Gesprächsatmosphäre scheint angenehm zu verlaufen.

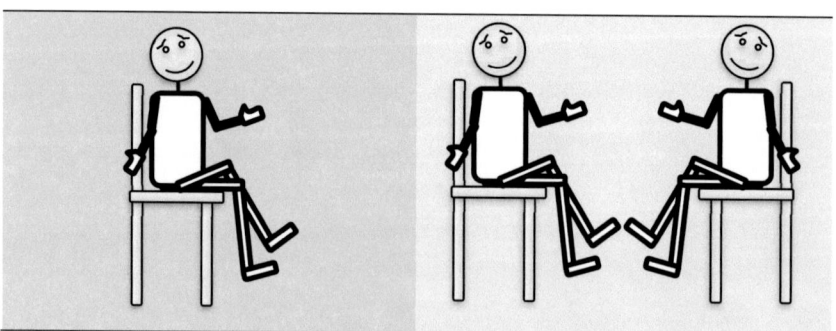

Beim Überschlagen der Beine kann das rechte oder das linke oben liegen. Für unsere Betrachtungen gibt es hier keinen Unterschied zu vermerken.

Sitzen allerdings zwei Personen nebeneinander, spielt es schon eine Rolle, welches Bein oben liegt. Zeigt nämlich der Fuß des obenliegenden Beines zum Gesprächspartner, symbolisiert das eine positive Geste. Frei übersetzt: „Ich möchte dir so nahe wie möglich sein."

Zeigt der Fuß in die andere Richtung, heißt das keineswegs Antipathie. Die Atmosphäre ist nach wie vor sehr angenehm. Die deutlich positive Zustimmung zum Gesprächspartner wird allerdings vermieden.

Vermeiden Sie eine körpersprachliche Blockadehaltung. Ein Bein quer auflegen (natürlich ist das nicht passend beim Tragen eines Rocks), signalisiert eine abwartende, blockierende oder gar abweisende Haltung.

Die Richtung, die das obenliegende Knie einnimmt, zeigt hierbei die deutlichste Abneigung zum anderen.

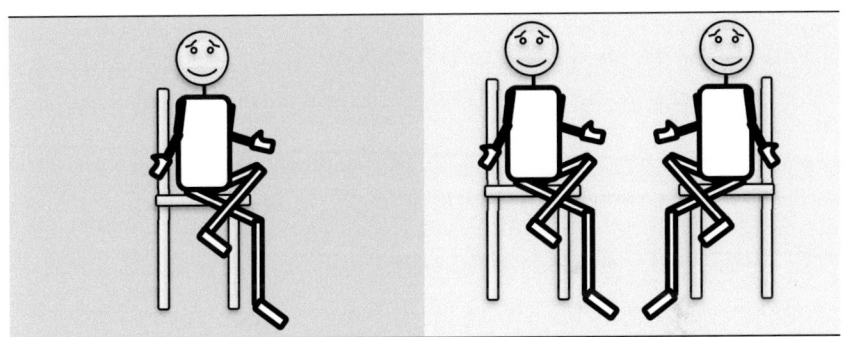

Spiegelt sich hier Ihr/e Flirt-Partner/in körpersprachlich, zeigen beide, dass aus dem Flirt nichts mehr wird. Nehmen Sie das übergelegte Bein direkt runter!

Die Körperhaltung drückt aus, dass Sie sich beide einig sind, einander nicht zu mögen. Schlechte Voraussetzungen für einen Erfolg.

Vergleichbares gilt für das Verschränken der Arme vor dem Oberkörper.

Lassen Sie die Arme unverschränkt und signalisieren eine entspannte, offene Körpersprache.

Liebe Männer. Setzen Sie sich nicht breitbeinig. Das wirkt machohaft. Darauf steht nicht jede Angeflirtete.

Gleichberechtigung beim Flirten?

Obwohl wir in einem Land leben, in dem Frauen und Männer als gleichberechtigt gelten, gibt es in der Körpersprache beim Flirt einen kleinen, feinen Unterschied.

Verläuft der Flirt gut, dann kann die Frau gelegentlich den Mann für einen kurzen Augenblick berühren. Eine ‚zufällige' Berührung an der Schulter oder am Ellbogen des Mannes bereitet ihm ein leichtes Prickeln.

Der Mann hingegen sollte sich (anfangs) bei Berührungen deutlicher zurückhalten.

Erst wenn sicher ist, dass der Flirt im erotischen Sinne zum Erfolg führen wird, darf auch der Mann vorsichtig Körperkontakt zur Frau aufnehmen.

Wer fragt nach dem ersten Date?

Die Welt am Sonntag schreibt am 23.08.2015, dass 93 % aller Frauen sich wünschen, dass der Mann nach dem ersten Date fragen soll. Auf der anderen Seite sind es 16 % der Männer, die das gerne der Frau überlassen würden.

Tatsächlich werden am Ende 83 % der Männer aktiv.

Tipps für die flirtende Frau

Halten Sie immer wieder Blickkontakt und denken Sie daran, ‚ehrlich' zu lächeln.

Flirten braucht Blickkontakt – Der Initial Look

Nehmen wir an, Ihre Einstellung ist „der Mann soll den ersten Schritt machen", kann es sein, dass Sie DEN Traumtypen nie kennenlernen werden.

Daraus folgt: Ergreifen Sie die Initiative!

Schauen Sie den Ausgesuchten an.

Der erste Blick, genannt ‚initial look', dauert bis zu etwa drei Sekunden.

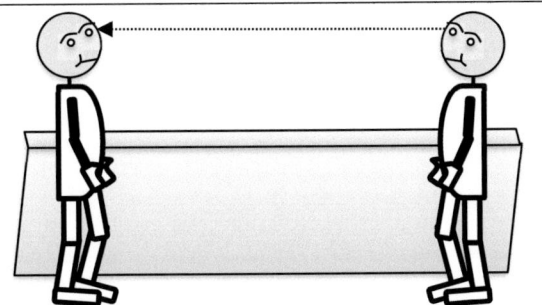

Hat die Person erkannt, dass sie von Ihnen angeschaut wird, wird sie nun ihrerseits den Blickkontakt zu Ihnen aufnehmen.

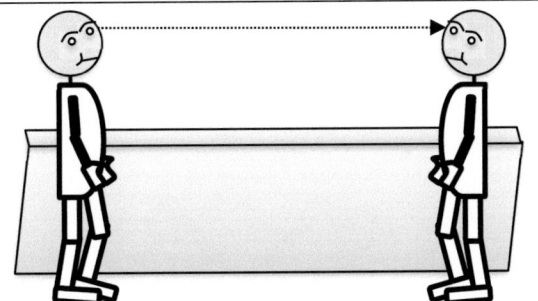

Sie hat Ihr Interesse erkannt und reagiert entsprechend.

Sobald Sie den Blickkontakt verspüren, schauen Sie zur Seite.

Am besten, den Blick nach unten richten und dabei den Kopf leicht zur Seite neigen.

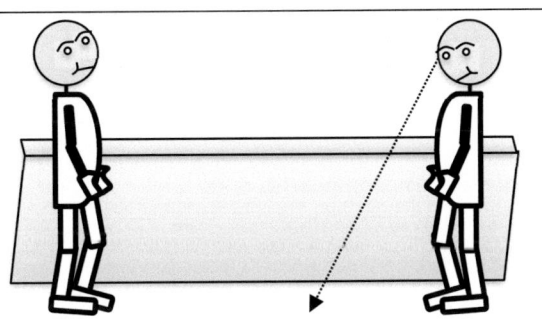

Das kann als eine Art Unschulds- und Demutsgeste gedeutet werden. Sie ‚unterwerfen' sich dem Gegenüber.

Das gibt ihm ein Gefühl der Überlegenheit und heizt sein ‚Jagdfieber' an. Spielen Sie mit der Hand an Ihrem Getränkeglas, fahren Sie scheinbar gedankenverloren am Glas von oben nach unten und zurück.

Das vermittelt – unbewusst natürlich – die Sehnsucht danach, berührt zu werden.

Die Ich-Mache-Mich-Schön-Geste

Zur Ergänzung für die Frau noch eine interessante Geste, die in beruflichen Verhandlungen eher Nervosität und Schwäche ausdrückt, im Flirt hingegen eine gewisse Demut und Begehrlichkeit zeigt.

Streichen Sie eine Haarsträhne aus dem Gesicht, zeigt genau diese Geste die ‚Ich-Mache-Mich-Schön-Geste'. Und natürlich mache ich mich für dich schön.

Ein freundliches Kompliment an den Flirtpartner, der diese Geste bewusst oder unbewusst, aber jedenfalls positiv wahrnimmt.

Aber aufgepasst, liebe Damen: Wird diese Geste zu häufig eingesetzt, kann der Effekt nach hinten losgehen.

Denn: <u>Zu</u> schön sein, kann auch ein gewisses Defizit an Intelligenz vermitteln (weswegen diese Geste beruflich vermieden werden sollte).

Hin und wieder bringen Personen gleichzeitig mit beiden Händen Haare aus dem Gesicht.

Das wirkt etwas übertrieben …

Suchen Sie nach einer Weile wieder den Blickkontakt, was bei Ihrem Gegenüber den Wunsch, Kontakt aufzunehmen erhöht.

Nach einigem Hin und Her steigert ein verführerisches Lächeln und reizvoller Augenaufschlag die Erfolgsaussicht.

Erotische Schrittfolge

Als Frau haben Sie die Möglichkeit, durch die Art wie Sie gehen, erotische Impulse auszusenden. Angenommen, Sie sind auf dem Weg vom Waschraum zurück zur Bar, an der Ihr Flirtpartner wartet.

Setzen Sie Fuß vor Fuß; gehen Sie sozusagen auf einer Linie.

Dadurch bewegt sich Ihre Hüfte seitwärts, was einen reizvollen und eleganten Auftritt ergibt. Das wirkt sympathisch.

Gehen Sie zu breitbeinig, wirkt das eher burschikos.

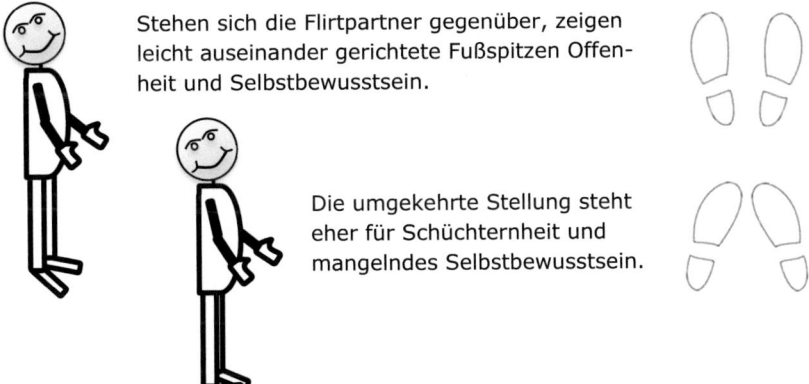

Stehen sich die Flirtpartner gegenüber, zeigen leicht auseinander gerichtete Fußspitzen Offenheit und Selbstbewusstsein.

Die umgekehrte Stellung steht eher für Schüchternheit und mangelndes Selbstbewusstsein.

Denken Sie daran: Sie wollen als ‚Gewinner' überzeugen. Die letzten beiden Fußstellungen gelten selbstverständlich auch für Männer.

Tipps für den flirtenden Mann

Frauen sollen erkennen können, dass Sie Kontakt suchen. Ein mürrisches ins Glas Schauen führt kaum zum Erfolg. Sitzen oder stehen Sie aufrecht. Schauen Sie sich um und zeigen einen positiven Gesichtsausdruck.

Sollten Sie im Gespräch mit Kumpels sein, zeigen Sie, dass Sie aktiv in der Kommunikation eingebunden sind. Lachen Sie hin und wieder, aber wirken Sie nicht zu dominant, arrogant oder gar besserwisserisch.

Bemerken Sie, dass Sie eine Frau beobachtet, schauen Sie sie direkt an. Höchstwahrscheinlich wird sie ihren Blick sofort abwenden.

Starren Sie nicht weiter zu der Person, denn Sie wollen ja weder aufdringlich noch bedrohlich wirken. Wenden Sie sich wieder Ihren Kumpels zu.

Nach wenigen Momenten gucken Sie wieder zu der Auserwählten, die – im Idealfall – gerade zu Ihnen schaut. Schnell wird sie wieder den Blick abwenden.

Dieses Wechselspiel des Blickkontakts wird nun ein paar Mal wiederholt. Riskieren Sie den nächsten Schritt?

Gender

Selbstverständlich lassen sich die Ausführungen auf gleichgeschlechtliche Menschen übertragen.

Wollen zwei Frauen oder zwei Männer miteinander flirten, ist die beschriebene Vorgehensweise vergleichbar.

Eine der beiden (in der Regel der dominantere Part) übernimmt die Verhaltensweise, die weiter oben für den Mann beschrieben wurde.

Die andere Person verhält sich dann so, wie es oben bei der Frau erklärt wurde.

Alle Geschlechter gelten selbstverständlich gleichwertig. Trotzdem zeigen sich beim Flirt unterschiedliche Rollen – wobei der Mensch, unabhängig seiner Rolle, weiterhin als gleich viel wert anzusehen ist.

Guten Erfolg – egal, welcher sexuellen Orientierung Sie angehören.

Alkohol senkt die Hemmschwelle – aber löst die Zunge

Gehen Sie überlegt mit Ihrem möglichen Alkoholkonsum um, besonders dann, wenn Sie es ernst meinen.

Es könnte sonst sein, dass Sie DIE Chance Ihres Lebens verpassen. Wenn Sie volltrunken Ihre Sinne verlieren, war sowieso alles vergebens.

Alkohol wirkt enthemmend und erleichtert vielen Flirtenden die Kontaktaufnahme. Etwas Alkoholgenuss kann entspannend wirken, Mut machen und dem Flirt-Ziel dienen.

Aber Vorsicht: Alkohol lockert die Zunge. Mehr Alkohol lockert die Zunge noch mehr. Vielleicht wird dann auch etwas gesagt, was über das Ziel hinausschießt. Schnell kann aus dem charmanten Flirt eine plumpe Anmache werden. Das hat dann nichts mehr mit flirten zu tun.

Flirten ohne Alkoholkonsum klappt natürlich auch hervorragend.

Ein kleiner Hinweis: Leider kommt es immer wieder zum Einsatz sogenannter K.-o.-Tropfen. Passen Sie auf Ihr Glas auf, sodass aus dem Flirt kein unangenehmer Zusammenbruch erfolgt.

Nein heißt Nein!

Sollten Sie merken, dass jemand mit Ihnen flirtet und Sie auf den Flirt nicht einsteigen wollen, lassen Sie keine Missverständnisse entstehen.

Denken Sie nicht, dass Sie durch das Mitteilen der Mail-Adresse oder der Telefon-Nummer den anderen abwimmeln könnten. Signalisieren Sie deutlich Ihr Desinteresse durch ein körperliches Abdrehen und durch Vermeidung von Blickkontakt.

Erkennt die andere Person nicht Ihr Desinteresse, sagen Sie deutlich „Nein!". Schauen Sie Ihrem Gegenüber dabei direkt und standhaft in die Augen, ohne zu lächeln. Ihre Stimme sollte bestimmt und kräftig wirken.

Umgekehrt: Akzeptieren Sie ein Nein. Zum Flirten gehören nun einmal zwei Personen. Wenn einer der beiden nicht will, ist das absolut ihr/sein Recht. Akzeptieren Sie dieses Recht!

Kehren wir nun vom deutlichen Nein zurück auf eine weniger aggressive Ebene. Vielleicht sah es anfangs erfolgversprechend aus. Aber ‚irgendwie' klappt es nicht so, wie Sie sich das vorstellten.

Hände weg!

Sollten Sie also nach einer Weile tatsächlich den Eindruck gewinnen, dass Ihre Flirtversuche nicht fruchten – Ihr Flirtpartner schaut dauernd auf die Uhr, gähnt oder sieht sich nach anderen Personen um –; lassen Sie es einfach bleiben.

Bleiben Sie trotzdem freundlich, verabschieden sich und schauen sich um, was die Welt sonst noch so hergibt.

Dieses Kapitel wird beendet mit einem Zitat des französischen Schriftstellers Sacha Guitry (1885 – 1957): „Der Flirt ist die Kunst, einer Frau in die Arme zu sinken, ohne ihr in die Hände zu fallen."

Klar, dass sich das auch umgekehrt verhält, denn nach gewissen Untersuchungen zeigt sich, dass auch einige Frauen gerne den ersten Schritt wagen.

Gute Stimmung behalten

Also: Lassen Sie sich nicht entmutigen! Es gibt noch genügend andere interessante und sicherlich auch interessierte Menschen auf dieser Welt. Vielleicht kreuzen sich schon morgen Ihre Wege.

Behalten Sie gute Stimmung. Lächeln Sie! Ein Gewinner darf auch mal verlieren.

Zu guter Letzt: Das Wertvollste, das den Menschen in den heutigen Tagen geschenkt werden kann, ist Zeit. Nehmen Sie sich diese Zeit, seien Sie geduldig mit sich und der Situation. Schenken Sie der Person, mit der Sie flirten, ebendiese Zeit.

Ungeduld und Drängeln ist nicht angebracht, immer vorausgesetzt, Sie – und Ihr Gegenüber – meinen es ernst. Wertschätzen Sie das Zusammensein, den Flirt und damit Ihre/n Flirt-Partner/in, indem Sie deutlich kostbare Zeit in den Flirt investieren. Es lohnt sich.

Guten Erfolg allerseits!

Stichwortverzeichnis

Knigge als Synonym und als Namensgeber

Umgang mit Menschen

> Suche weniger selbst zu glänzen, als andern Gelegenheit zu geben,
> sich von vorteilhaften Seiten zu zeigen,
> wenn Du gelobt werden und gefallen willst
> Adolph Freiherr Knigge, aus dem Buch „Über den Umgang mit Menschen", 1788
> (1752 - 1796)

Adolph Freiherr Knigge

Schon zu seinen Lebzeiten war Adolph Freiherr Knigge (1752 – 1796) umstritten. Knigge setzte sich durch sein energisches Eintreten für die Ziele der Aufklärung, so wie er sie verstand, scharfen Angriffen aus. Er arbeitete als Romanschriftsteller und Satiriker, sowie als politischer Schriftsteller. Er gehörte den Freimaurern an. Heute ist Knigge vor allem seines Buches wegen ‚Über den Umgang mit Menschen' (1788) bekannt. Und zwar deswegen, weil sein Werk als Etikette-Buch angesehen wird.

Das große Missverständnis

Knigge verdankt seinen heutigen Ruf und Erfolg aber einem Missverständnis. Denn: Das Werk Adolph Freiherr Knigges gilt als Etikette-Buch ersten Rangs. Allerdings beschreibt Knigge keine Regeln wie mit Besteck umzugehen ist, oder das Verhalten bei Tisch, stattdessen offenbart er eine praktische Lebensphilosophie im Umgang mit Mitmenschen. Er gibt Anleitungen und Anregungen, wie mit seinen Mitmenschen richtig umzugehen ist. Knigge hoffte damit, dass die Menschen glücklich und froh miteinander leben könnten. Sein Buch erschien 1788 und war schon kurze Zeit in fast allen Haushalten zu finden. Über 200 Jahre lang prägte sich sein Buch im Bewusstsein der Leser als praktisches Handbuch über gutes Benehmen ein.

Über den Umgang mit Menschen

In drei Teilen seines Buches hat Knigge über den Umgang mit verschiedenen Menschengruppen geschrieben, zum Beispiel:

- Über den Umgang mit Leuten von verschiedenen Gemütsarten, Temperamenten und Stimmungen des Geistes und des Herzens (Erster Teil, 3. Schritt)
- Über den Umgang mit Frauenzimmern (Zweiter Teil, 5. Schritt)
- Über die Verhältnisse zwischen Herrn und Dienern (Zweiter Teil, 7. Schritt)

- Über das Verhältnis zwischen Wohltätern und denen, welche Wohltaten empfangen; wie auch unter Lehrern und Schülern, Gläubigern und Schuldnern (Zweiter Teil, 10. Schritt)
- Über den Umgang mit den Großen der Erde, mit Fürsten, Vornehmen und Reichen (Dritter Teil, 1. Schritt)
- Über die Art, mit Tieren umzugehen (Dritter Teil, 9. Schritt)

Knigge heute als Synonym für Umgangsformen

Obwohl es heute klar ist, dass Knigge anderes verfolgte, als wir unter seinem Namen verstehen, soll ‚Knigge' als Synonym für den Bereich stehen, dem sich das vorliegende Buch widmet.

12 Ratgeber in der kleinen Knigge-Reihe

Der kleine ... -Knigge [2100] (Je € 9,70; 88 Seiten, 12x19 cm, kartoniert)

Anstands- und Banausen-Knigge [2100]
Business- und Kunden-Knigge [2100]
Büro- und Kollegen-Knigge [2100]
Gäste- und Gastgeber-Knigge [2100]
Gesellschafts- und Freunde-Knigge [2100]
Outfit- und Stil-Knigge [2100]

Interkulturelle- und Auslands-Knigge [2100]
Bewerbungs- und Vorstellungs-Knigge [2100]
Event- und Feste-Knigge [2100]
Gastro- und Tischsitten-Knigge [2100]
Speisen- und Exoten-Knigge [2100]
Trinkkultur- und Getränke-Knigge [2100]

12 x kleines Handbuch der Rhetorik 2100

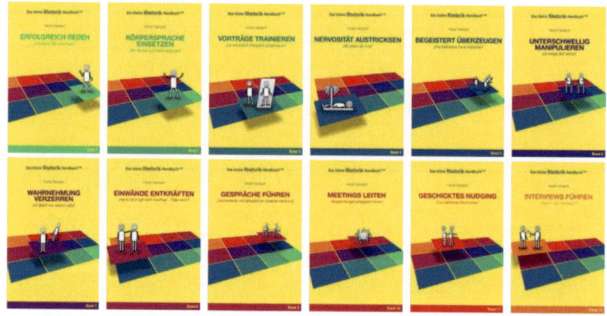

Der kleine Handbuch der Rhetorik [2100] (Je € 9,70; 100 Seiten, 12x19 cm)

Erfolgreich reden „Die Kunst, flott vorzutragen"
Körpersprache einsetzen „Mit Händen und Füßen sprechen"
Gezielt trainieren „Ich will endlich erfolgreich präsentieren!"
Nervosität austricksen „Mir zittern die Knie"
Begeistert überzeugen „Das rhetorische Feuer entfachen"
Unterschwellig manipulieren „Ich kriege dich schon!"

Wahrnehmung verzerren „Ich glaub' nur, was ich sehe."
Einwände entkräften „Das ist doch gar nicht machbar! – Oder doch?"
Gespräche führen „Zielorientierte und zeitsparende Gesprächslenkung"
Meetings leiten „Besprechungen erfolgreich führen"
Geschicktes Nudging „Das versteckte Anschubsen"
Interviews führen „Darf ich Sie mal fragen?"

4 Ratgeber in der Ego-Management-Reihe

Persönlichkeits-Management – Ego-Knigge 2100 Soft Skills, Selbst-Reflexion und Selbst-Bewusstsein
Stress-Management – Ego-Knigge 2100 Lampenfieber, Stressoren, Gerüchte, Mobbing, Burnout, Stressvermeidung
Zeit-Management– Ego-Knigge 2100 Umgang mit der Zeit, Organisation von Arbeitsabläufen, Perfektionismus, Zielsetzung
Gedächtnis-Management – Ego-Knigge 2100 Gehirn, Intelligenz, Schwachsinn – Hochbegabung, Gedächtnis, Lerntechniken.
Jeder Ratgeber € 14,90, 104 Seiten, A5, kartoniert

4 Ratgeber der Reihe Lebenseinstellung

Aberglauben-Knigge 2100 Von schwarzen Katzen, der linken Hand des Teufels und den Glücksbringern
Lügen- und Egoismus-Knigge 2100 Überleben durch Flunkern, Schummeln und Täuschen! Macht, Respekt, Wertschätzung? Lebenslüge und Lebensschutz
Glücks-Knigge 2100 Vom Glücklichsein, positiven Denken und von Freundschaften
Angst- und Optimismus-Knigge 2100 Die Furcht beherrschen, Ängste nutzen und positiv durchs Leben gehen.
Jeder Ratgeber € 12,95, 160 Seiten, A5, kartoniert

3 Ratgeber Bräutigam, Braut und Brautpaar

Bräutigam-Knigge 2100 Verlobung und Polterabend, Schwiegereltern und das Ja-Wort, Hochzeits-Outfit und Hochzeits-Kutsche
Braut-Knigge 2100 Brautkleid und Accessoires, Das große Hochzeitsfest, Höhepunkte und Hochzeitstanz
Brautpaar-Knigge 2100 Historisches und Sonderbares, Planung und Organisation, Aberglaube und Hochzeitsbräuche. Jeder Ratgeber € 15,90, 104 Seiten, A5, kartoniert

2 Ratgeber Selbst-Coaching

Selbstbewusstsein Knigge 2100 Ich bin, ich kann, ich will. Das eigene Leben bestimmen, Soft Skills, The Winner 1.
Selbstwertgefühl Knigge 2100 Steh auf! Werde aktiv! Zeige Profil! Das eigene Leben beeinflussen, Motivation, The Winner 2.
Selbstoptimierung Knigge 2100 Optimistischer, attraktiver, authentischer. Das eigene Leben gestalten, Ansprüche, The Winner 3.
Jeder Ratgeber € 12,95, 120 Seiten, A5, kartoniert

Leben und Lifestyle

Das kleine Knigge-Quiz ^{2100} € 9,70; 96 Seiten, 12x19 cm, kartoniert

Jugend-Knigge ^{2100} Knigge für junge Leute und Berufseinsteiger, € 15,90; 152 Seiten

Zukunfts-Knigge ^{2100} Verfall der Sitten und Verlust der Wertschätzung? Umgangsformen in 100 Jahren. Zusammenleben mit Menschen, Maschinen und menschenähnlichen Robotern, € 14,95; 172 Seiten A5 kartoniert

Wertschätzung-Knigge ^{2100} Gleichberechtigung, Gender und Respekt, Sexuelle Orientierung, Umgang bei Diskriminierung und Mobbing, € 14,95; 152 Seiten A5

Hochzeits-Knigge ^{2100} Hochzeitsbräuche, Geschenke, Brautjungfer, Trauung, Festgäste und Festmahl, € 29,95; 310 Seiten A5

Ü65- und Senioren-Knigge ^{2100} Die junge Alten und die alten Jungen, Kommunikation und Verständnis zwischen den Generationen, Einsamkeit und technischer Fortschritt, € 19,95; 180 Seiten A5

Blumen-Knigge ^{2100} Historisches, Mystisches, Festliches, Blumen-Sprache, Umgang mit Blumen-Präsenten, € 19,95; 144 Seiten A5

Bekleidung! Ausdruck der Persönlichkeit – Lukas' Outfit-Knigge ^{2100}, € 19,95; 196 Seiten A5

Nudel-Knigge ^{2100} Himmlische Teigwaren, € 17,95; 140 Seiten A5

Der Interkulturelle Kompetenz-Knigge ^{2100} Kultur, Kompetenz, Eindrücke – Gesten, Rituale, Zeitempfinden – Berichte, Tipps, Erlebnisse, € 29,95; 240 Seiten A5

China-Deutschland-Knigge ^{2100} Chinesen in Deutschland, € 12,90; 104 Seiten A5

Dschungel-Knigge ^{2100} Umgang in ungewohnter Umgebung, € 23,95; 192 Seiten A5

Der Dicke-Knigge ^{2100} Aus dem prallen Leben des Dicken, € 15,90; 104 Seiten A5

Typisch Frau – Typisch Mann Knigge ^{2100} Unterschiede und Gemeinsamkeiten im Umgang mit dem anderen Geschlecht, € 12,95; 128 Seiten A5

Kulinarischer und Gastronomischer Knigge ^{2100} Von Events, Feiern, Aperitif über Esskultur, Speisen und Getränken zu zeitgemäßen Tischsitten, € 26,50; 284 Seiten A5

Klo- und Pinkel-Knigge ^{2100} Vom privaten und öffentlichen Bedürfnis - Umgangsformen im Tabu-Bereich, € 13,50; 104 Seiten A5

Omi hüpf' mal Märchen meiner Großmutter, Erlebnisse ihre Jugend und wahre Geschichten meines Vaters von und über Omi Rickchen, Hardcover, € 29,95; 312 Seiten

Der Hunde-Knigge ^{2100} Umgang mit dem Hund – Hundesprache – Der Hund in der Gesellschaft, € 17,95; 180 Seiten A5

Welcome to Germany-Knigge ^{2100} Umgangsformen, Verhaltensmuster und gesellschaftliches Miteinander im deutschsprachigen Europa, € 11,99; 108 Seiten A5

Besuch willkommen Knigge ^{2100} Einladung, Gast, Geschenk, Empfang, Feier, Gastfreundschaft, € 14,95; 200 Seiten A5

Mensch, Macht, Mörder ^{2100} Verfall der Umgangsformen?, € 14,90; 260 Seiten A5

Leben, Tod und Ansichten Austausch mit Berühmtheiten über Wichtiges und Unwichtiges im Leben, € 12,95; 116 Seiten A5

Leben, Tod und Überlegungen Austausch mit Berühmtheiten über Größe, Ewigkeit und Spaß im Leben, € 12,95; 116 Seiten A5

Tod, Trauer, Totenkult-Knigge ^{2100} Sterben, Trost, Takt, Bestatten, Tradition, Vorsorge, Tabus, Vergänglichkeit und Sonderbares, € 17,95; 212 Seiten A5

Corona-Knigge 2100 Umgang mit dem Virus, € 9,70; 88 Seiten 12x19, kartoniert

Leben und Lifestyle

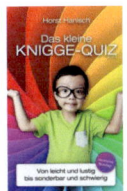

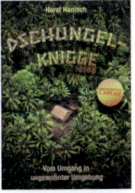

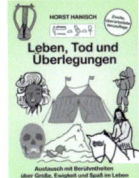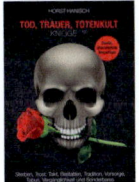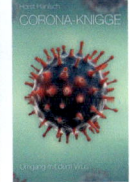

Rhetorik, Soft Skills, Hochschule, Beruf

Rhetorik ist Silber Von den ersten Schritten zu einer perfekten Präsentation, € 17,90; 144 Seiten A5, kartoniert, Zeichnungen

Moderation ist Gold Gesprächsführung, Umfragen, Talkrunden und Manipulation, € 17,90; 144 Seiten A5, kartoniert, Zeichnungen

Lebhafte Körpersprache in Vorträgen, Präsentationen, Gesprächen, € 17,90; 144 Seiten A5, kartoniert, ca. 290 Zeichnungen

Rhetoric – Mastering the Art of Persuasion, € 22,90; 144 Seiten A5, kartoniert

Discussion – Mastering the Skills of Moderation, € 22,90; 144 Seiten A5, kartoniert, Zeichnungen

Body Language in Europe, € 22,90; 144 Seiten A5, kartoniert, ca. 290 Zeichnungen

Körpersprache – Lüge, Verrat, Macht, Im Beruf, vor Gericht, beim Flirt – Gewinnerpose und Demutshaltung – Drohung und Zuneigung; € 29,95; 364 Seiten A5, kartoniert, über 400 Zeichnungen

Das große Buch der Rhetorik [2100] Tacheles reden; Präsentieren; manipulieren und überzeugen, € 37,45; 332 Seiten A5, kartoniert, viele Darstellungen

Trickreiche Rhetorik [2100] Psychologische Gesprächsführung, manipulierende Darstellung, unaufdringliches Nudging, € 37,45: 300 Seiten A5, kartoniert, Zeichnungen

Soft Skills-Knigge [2100] Soziale, Persönlichkeit, Selbstmanagement, € 37,45; 324 Seiten A5, kartoniert, viele Darstellungen

Schlagfertigkeit-, Spontaneität-, Stegreif-Knigge [2100] Impulsiv handeln, verbale Angriffe kontern, Störungen entwaffnen, € 13,50; 104 Seiten A5

Pitch Skills und Überzeugungs-Knigge [2100] Elevator Pitch, Geldgeber beeindrucken, Feuer versprühen, € 13,50; 128 Seiten A5, kartoniert

Smalltalk-Knigge [2100] Vom kleinen Gespräch bis zum charmanten Flirt - Kontakt ausbauen, Sympathie zeigen, Begehrlichkeit wecken, € 13,50; 100 Seiten A5

Quassel-Knigge [2100] Quasseln, Quatschen, Quengeln oder Lebenswichtige Kommunikation – Gezielt eingesetzte Rhetorik – Aussagekräftiges Profil zeigen, € 13,50; 112 Seiten A5

Hochschul-Knigge [2100] Studentischer Umgang in und außerhalb der Hochschule am Beispiel der Cologne Business School, 132 Seiten A5, kartoniert, Fotos

Jugend-Karriere-Knigge [2100] Schule und Studium, Netzwerk und Klüngel, Erfolg und Risiken, € 19,95; 224 Seiten A5, kartoniert, Zeichnungen, Checklisten

Bewerbungs-Knigge [2100] **für Frauen – Tina bewirbt sich / Bewerbungs-Knigge** [2100] **für Männer – Tom bewirbt sich**, Vorbereitung, Wahl der Kleidung, Verhalten beim Bewerbungsgespräch, je € 19,70; 128 Seiten A5, kartoniert, Fotos, Checklisten

Kreativitäts-Knigge [2100], Visionärhaft denken, Scheuklappen sprengen, Mentales Risiko eingehen, € 14,95; 164 Seiten A5, kartoniert

Team und Typ-Knigge [2100], Ich und Wir, Typen und Charaktere, Team-Entwicklung, € 14,95; 128 Seiten A5, kartoniert, viele Darstellungen

Die flotte Generation Y im 21. Jahrhundert, selbstbewusst – lebensbetonend – flexibel. Wie mit der Generation Y zielorientiert und erfolgreich gearbeitet werden kann, € 12,95; 116 Seiten A5, kartoniert, Zeichnungen

Die flotte Generation Z im 21. Jahrhundert, entscheidungsfreudig – effizient – eigenverantwortlich. Wie mit der Generation Z zielorientiert und erfolgreich gearbeitet werden kann, € 12,95; 140 Seiten A5, kartoniert, Zeichnungen

Telemeeting [2100], Digitale Konferenz, Online-Unterricht, Homeoffice, € 12,95; 104 Seiten A5, kartoniert

Rhetorik, Soft Skills, Hochschule, Beruf

Englisch:

 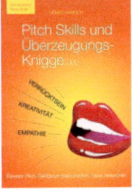  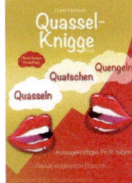

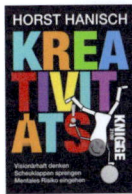  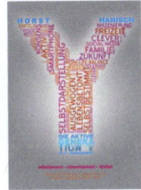  

Beratung, Coaching, Seminar

Wer hat nicht gerne mit Menschen zu tun, die selbstbewusst und selbstsicher mit anderen Menschen umgehen?

Geschäftspartnern, die die elementaren Regeln des ‚Benimms' beherrschen, stehen die Türen zum Erfolg offen.

seit 1987

Horst Hanisch Seminare

Unternehmen, die neben ihrer fachlichen Leistung auch ‚menschlich' überzeugen wollen, bieten wir für ihre Mitarbeiterinnen und Mitarbeiter aktives Training im Umgang mit Kunden, Gästen, Kollegen und Gesprächspartnern an.

Auf unserer Website informieren wir Sie über unsere Angebote:

- Firmen-Internes-Training
- → Business-Etikette und das Lehrmenü
- → Präsentieren, Moderieren, Kommunizieren
- → Körpersprache und ihre Geheimnisse
- Offen ausgeschriebene Seminare
- → Teuflische Rhetorik
- → Flottes Reden vor und zu anderen

- → Der erste Eindruck
- → Ladies Power
- Individuelles Einzel-coaching
- → Authentisches Auftreten
- → Dress for Success
- → Verhandlungstechniken
- → Persönlichkeit
- Interkulturelles Training
- Freundlichkeits-Checks in Unternehmen

- Workshops
- → Soft Skills
- → Team-Training
- Intensiv-Training für
- → TV-Auftritte
- → Vorträge
- → Präsentationen
- → Reden
- Fachliteratur und Arbeitsunterlagen
- Vorträge/Speaker
- → Vor kleinem und vor großem Publikum

Individuelles Coaching für Einzelpersonen: Und, wer es ganz individuell mag, greift zurück auf ein Einzel-Coaching, auch als Online-Coaching. Hier werden ganz persönliche Herausforderungen angegangen, mit Themen wie:

- Interkulturelle Kompetenz
- Selbstsicheres Auftreten
- Präsentations-Techniken
- Erfolgreiche Verhandlungsführung

- Der Erste Eindruck
- Bewerbungstraining
- Rhetorik und Überzeugungskraft

und andere Themen – direkt auf die besonderen Bedürfnisse des Einzelnen zugeschnitten. Besuchen Sie uns auf www.knigge-seminare.de

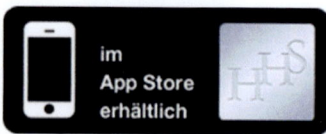